Rushana ZARIPOVA

"BEGONA" VA "GALATEPAGA QAYTISH": QIYOS VA TALQIN

(Ilmiy maqolalar)

© Rushana Zaripova

Begona' Va 'Galatepaga Qaytish' :
Qiyos Va Talqin

by: Rushana Zaripova

Edition: June '2024

Publisher:

Taemeer Publications LLC (Michigan, USA / Hyderabad, India)

ISBN 978-93-5872-717-3

9 789358 727173

Book	:	Begona' Va 'Galatepaga Qaytish' : Qiyos Va Talqin
Author	:	Rushana Zaripova
Publisher	:	Taemeer Publications
Year	:	'2024
Pages	:	86
Title Design	:	*Taemeer Web Design*

Ushbu kitobda yosh tadqiqotchi Rushana Zaripovaning izlanishlar natijasi bo'lmish ilmiy maqolalar jamlangan. Bu maqolalarning aksariyati respublika va xorijda bo'lib o'tgan anjuman materiallarida e'lon qilingan bo'lib, bu to'plamda jamlangan. Kitob adabiyotshunoslar, talaba va magistrlar hamda keng kitobxonlar ommasiga mo'ljallangan.

Taqrizchilar: Qurdosh QAHRAMONOV,
filologiya fanlari doktori, professor

Normat YO'LDOSHEV,
filologiya fanlari nomzodi, dotsent

"BEGONA" VA "GALATEPAGA QAYTISH": QIYOS VA TALQIN

Sir emas, keyingi yillar adabiyotshunosligimizda namoyon bo'lgan yetakchi tamoyillardan biri-bu o'zbek adabiyotida vujudga kelgan asarlarni jahon adabiyoti durdonalari bilan qiyosiy tahlil qilishda ko'zga tashlanmoqda. Qiyosiy adabiyotshunoslik, adabiy ta'sir va xalqaro adabiy aloqalar yo'nalishida tipologik, tarixiy-analitik tahlil metodlari asosida ulkan yutuqlarga erishilmoqda. Bunga misol tariqasida qator izlanuvchilarning mehnat samarasini keltirib o'tish mumkin. Masalan, adabiyotshunos olima Muhabbat Sharofiddinovaning "XX asr o'zbek nasri jahon adabiyoti kontekstida" tadqiqoti, iste'dodli adabiyotshunos Zamira Qosimovaning rus tilidagi "Milliy va jahon adabiyoti an'analari nuqtai nazaridan zamon va inson konsepsiyasi: A.Fitrat, A.Qodiriy, Cho'lpon asarlari misolida" nomli doktorlik dissertatsiyasi, yosh adabiyotshunos Dilshoda Ibrohimovaning nemis tilida yozilgan va rus tiliga o'girilgan "Xildenbrand haqida qo'shiq asari, uning sharqona va g'arbona mushtarak xususiyatlari (Matn strukturasi, qiyosiy tahlil muammolari)" mavzuidagi tadqiqoti xalqaro adabiy aloqalar borasida jiddiy samaralarga erishilayotganining dalolatidir"[1].

O'zbek adabiyoti namunalarini jahon durdonalari bilan qiyosiy tahlilda o'rganish, ta'kidlanganidek, makon va zamondagi mushtaraklikni, qolaversa, ijodkor badiiy tafakkuridagi o'xshashliklarini yuzaga chiqaradi. Biz quyida tahliliga kirishadigan asarlar Murod Muhammad Do'stning "Galatepaga qaytish" va Alber Kamyuning "Begona" asarlari. Tan olish kerakki, har ikki asar keng kitobxon qalbidan chuqur joy egallagan.

So'nggi yillarda adabiyot o'z rivojining yuqori cho'qqisiga ko'tarildi. Yangi yo'nalishlar, oqimlar vujudga keldi. Bular sirasiga modernizm, realizm, syurrealizm, postmodernizm, absurdizm kabilarni kiritish mumkin.

Zamon shiddat bilan rivojlanmoqda, insoniyat tarixi o'zining rivojlanish cho'qqisiga tomon dadil ildamlamoqda. Natijada, insonning o'zini o'rganish borasidagi fikrlari xilma-xillashdi. Adabiyotga yangicha nazar, yangicha ruh olib kirish, kitobxonlarni mazmundor, o'qishga arzigulik kitoblar, badiiy asarlar bilan

---

1 Rahimjonov N."Adabiyotshunoslikning yangi bosqichi", "Sharq yulduzi", 2011-yil, 5-son

ta'minlash bugungi kun yozuvchisi oldida turgan mas'uliyatli vazifalardan biri deyishimiz mumkin.

XX asr insoniyatga juda kata kashfiyotlar olib kelish bilan bir qatorda, qirg'inbarot urushlar, ayriliqlar, g'am-anduhlar olib kelgan asr sifatida tarix zarvaraqlariga muhrlanib qoldi. Insonlar necha ming yillar davomida orzu qilib kelgan mehr-oqibat, insoniylik, tinchlik, osoyishtalik va boshqa istaklar ayrim hukmron doira, sinflar tomonidan puchga chiqarildi. Natijada, odamlarda ishonchsizlik, o'zlari orzu qilgan jamiyatdan uzoqlashish, begonalashish kabi holatlar yuzaga qalqib chiqdi. O'z davrining buyuk yozuvchilari esa buni amalda ko'rsatib berishga harakat qildilar. Ana shunday yozuvchilardan biri Alber Kamyudir.

Alber Kamyu nafaqat o'z vatani Fransiya, balki butun dunyo kitobxonlari qalbini larzaga keltirgan adibdir. U haqida nimadir deyish yoki qog'oz qoralash ulkan mas'uliyat talab qiladi. "Vabo", "Baxtli o'lim" kabi romanlar, "Begona", "Inqiroz" kabi qissalar Alber Kmayuni kitobxon qalbiga muhrlab qo'ydi. Qolaversa, "Kaligula", "Qamal holati", "Anglashilmovchilik" pyesalari, "Sizif haqida asotir", "Astar va qiyofa", "Nemis do'stga maktub" va boshqa qator asarlari

Kamyuni kitoblariga o'quvchilar qayta-qayta murojaat qiladigan, ijod namunalari kitob rastalarida esa uzoq vaqt qolib ketmaydigan, bir so'z bilan aytganda dunyoning daho ijodkorlari qatoriga qo'shdi. A.Kamyu o'z asarlarida Ikkinchi jahon urushi dahshati oqibatida paydo bo'lgan insoniy taqdirning absurd hissiyotlarini kuylagan. A.Kamyu o'z asarlarida odob-axloqqa doir haqgo'ylik, erksevarlik, insonparvarlik, samimiylik kabi fazilatlarni ulug'lagan.

Mustaqillik yillarida o'zbek adabiyoti ham o'z rivojlanishining yangi cho'qqisiga ko'tarildi. Adabiyotimizga G'arb adabiyoti an'analari, yangiliklari, oqimlari kirib kela boshladi. Bu yo'nalishda N.Eshonqulov, O.Matjon, M.M.Do'st, X.Do'stmuhammad, N.Qobil kabi yozuvchilarning asarlarini e'tirof etish mumkin.

Biz M.M.Do'stning "Mustafo", "Iste'fo", "Dashtu dalalarda", "Chollardan biri", "Bir toychoqning xuni" kabi hikoya va qissalari orqali yaxshi bilamiz. "Galatepaga qaytish" qissasi va "Lolazor" romani o'zbek adabiyotida o'z so'ziga va uslubiga ega bo'lgan yana bir iste'dod paydo bo'lganligini ko'rsatdi.

Murod Muhammad Do'stning o'tgan

asrning 80-yillarida yaratilgan asarlaridan biri "Galatepaga qaytish yoxud saodatmand G'aybarov rivoyati" qissasi shunday boshlanadi: *"Bugun javzoning boshida Raim oqsoqolni yerga qo'yishdi. G'aybarov janozaga arang yetib keldi. Ukalari, ko'ngilyetar qarindoshla -hamma uni yig'lab qarshi oldi. Lekin uning o'zi yig'layolmadi. Hatto mozorda ham ko'zidan yosh chiqmadi, begona odamday bir chekkada turdi..."[2]*

Endi esa A.Kamyuning "Begona" qissasi boshlanishiga e'tibor qiling: *"Bugun onam o'ldi. Yo kechamikan, bilmayman. G'aribxonadan "Onangiz vafot qildi. Ko'mishi ertaga. Chuqur hamdardlik bildiramiz", degan telegramma oldim. Tushunmaysan. Balki kecha o'lgandir..."[3].*

Ko'rinadiki, avvalo ikki asar ham aza tasviri bilan boshlanadi. Ikkala asarda ham inson qalbida sodir bo'luvchi kechinmalar haqida o'zgacha uslubda hikoya qilingan. Shuningdek, ikki asar qahramoni ham atrofdagilar va hatto o'z hayotiga nisbatan mutlaqo befarq.

Kamyu asarlari mutolaasiga kirishar ekansiz, yelkangizni juda og'ir yuk bosib

---

[2] Do'st M.M."Galatepaga qaytish yoxud saodatmand G'aybarov rivoyati". T.: "G'.G'ulom", 2009-y. 13-b.

[3] Kamyu A. "Begona" (qissa va roman) T.: "Yozuvchi"- 1995-y. 5-b.

turgandek, o'zingizni vazmin his qilasiz. Bu ayniqsa, "Begona" qissasida yaqqol namoyon bo'ladi. Asarning nomiyoq kishini o'ylantirib qo'yadi. "Begona"... Kim begona? Mersomi? Yoki butun bir jamiyat Mersoga begonami?

Asar qahramoni xatti-harakatlarini bizning kitobxon hazm qilishi biroz qiyin kechadi. Shuning uchun ham Mersoni o'zbek kitobxonlari uchun yangilik deyish mumkin. Taniqli adib Ulug'bek Hamdam ushbu asar haqida shunday fikrlarni bildirgan edi: "...Men "Begona"ni judayam qiynalib o'qiganman. Har safar shunday bo'lgan. Nega? Nazarimda, asar bosh qahramoni Mersoning dosh berish o'ta mushkul bo'lgan samimiyatdan tafakkur ko'zlarim qamashib ketgan bo'lsa, ajabmas... Ayrimlar uni xudosizlikda ayblashni xush ko'rishadi. E'tiqodsiz, deya qo'lini bigiz qilishadi. Ha, biz ona Sharq farzandlarimiz. Tan olishim kerak, men ham qabul qilolmayman uning dahriyona fikrlarini. Ko'nglimga iztirob soladi ular. Boshiga tushgan barcha ko'rgiliklari ana shu tufaylidir, deb o'ylaganlarim bor. Lekin buning uchun Mersoni ayblashga, boshiga mag'zava to'kishga ma'naviy haqqim yo'q deb bilaman o'zimni...'[4].

Albatta, kitobxon Mersoni dahriylikda ayblashi mumkin, (sirtdan qaraganda), lekin botiniy sirlardan voqif bo'lgach, inson tafakkuri oniy lahzalarda nimanidir anglagandek bo'ladi. *"...Merso bir firma xodimi bo'lsa-da, aslida, ma'naviy-ruhiy darajasi va kayfiyatiga ko'ra murosasiz faylasufdir..."*[5].

Shuning uchun ham Mersoni tushunish uchun masalaga, avvalo, faylasufona yondashmoq kerak. U oddiy xodim bo'lsa-da, o'z xatti-harakatlari va amallari bilan o'z davri Yevropasining ilg'or fikrlovchi kishilaridan deyish mumkin. Ammo uning tashqi dunyosida aks etib turgan sovuqqonligiga sira aldanib qolish kerak emas. Bir so'z bilan aytganda, Merso dunyo sir-sinoatlari, yashashdan asl ma'no nima ekanligi, hayot mohiyati nimadan iborat ekanligini to'la anglab yetgan oramizdagi "noyob" odamlardan biridir. U o'zini va dunyoni shunchalar anglab yetganki, mulozamat nima ekanligini hatto tasavvur ham qilaolmaydi. U qalbida borini qanday bo'lsa shundayligicha

---

[4] Hamdam U. Jamiyat ichra samimiyat bahosi. www.ulugbekhamdam.uz
[5] Hamdam U. Jamiyat ichra samimiyat bahosi. www.ulugbekhamdam.uz/

yuzaga chiqaruvchi samimiy inson. Nimani o'ylasa va his qilsa, shuni gapiradi, ko'zbo'yamachilikni o'ziga ep ko'rmaydi. Biroq bu dunyoda - odamlar orasida samimiy bo'lish behad tahlikali bo'lib chiqadi. Merso o'z samimiyati uchun dorga osilishga hukm etiladi. Samimiyati uchun jamiyat ichra begona deb topiladi. Shunda bir narsa kishi xayoliga keladi: xo'sh, begona kim o'zi? Nahotki, o'z vijdoni oldida ikkiyuzlamachilik qilmagan Merso begona bo'lsa? Yoki asl begona dili boshqa-yu tili boshqalarmi, ya'ni, atrofdagi odamlarmi, jamiyatmi?... Kamyu ustamonlik bilan o'quvchini ana shunday tafakkurning chiqish mushkul bo'lgan chohiga uloqtirib yuboradi.

"Galatepaga qaytish"da G'aybarov obrazi o'zbek adabiyotida yangilik bo'ldi. Bir so'z bilan aytganda, G'aybarov adabiyotda hali uchramagan yangicha dunyo, yangicha tafakkur kishisining obrazidir. Undagi sovuqqonlik o'quvchini befarq qoldirmaydi. Masalan, o'z otasining azasida farzandning lom-mim demasdan jim turishi, yoki atrofdagilarga xayol girdobida befarq qarashlari albatta, yoqimsiz holat. *"...Mahanboy G'aybarovning so'qirko'z bo'lib turganini ko'rib, deraza yonidan nari haydadi: "Bor, jo'ra,*

*o'ksang quribdi, jamoatning oldiga borib tur,
harne, katta o'g'ilsan...". G'aybarov, noiloj,
jamoatning oldiga ketdi...*"[6]

Shu o'rinda savol tug'iladi: G'aybarovning
o'z otasi azasida yig'lamasligiga sabab uni
shaharda "kata odam" bo'lganidanmi? Yoki buni
o'ziga or biladimi? Bir qarashda shunday
tuyuladi. Bu uning azaga bo'yinbog' taqib
kelganidan shunday fikr kelishi tabiiy. Ammo u
bo'yinbog'ini qachon taqqanini eslolmaydi.
Qolaversa, azada o'zini boshqalardan o'zgacha
tutishining sababi ham boshqa tomonda. U otasini
ukalaridan kam yaxshi ko'rmaydi. So'nggi marta
bo'lsa-da otasi bilan ko'rishib qolish istagi ham
yo'q emasdi. Ammo, azada boshqalar qatori bo'la
olmaydi. Merso onasining, G'aybarov esa
otasining jasadi ustida yig'layolmaganligi
sababini munaqqid adibimiz Ulug'bek
Hamdamning o'z hayotidan keltirilgan misolida
to'liqroq ochib berishimiz mumkin:

*"...Eslayman-hech yodimdan chiqmaydi:
murg'akkina go'dagim o'lib qolganda men ham
daf'atan yig'lay olmaganman. Atrofga-odamlarga
qarab o'zimni la'natlamaganman. Toshbag'ir*

---

[6] Do'st M.M. "Galatepaga qaytish yoxud saodatmand G'aybarov rivoyati". T.: "G'. G'ulom", 2009-y. 13-b.

bo'lsam kerak deb o'ylaganman. Chunki yetti yot begona qo'ni-qo'shnining ko'zlarida yosh yiltillardi, mening-otasining ko'zlari esa qup-quruq edi. (Keyin anglasam, musibatning qalbimdagi zalvori shunchalar og'ir bo'lganki, yig'lash u yoqda tursin, uni ko'tarib turishga ham majolim qolmagan ekan). Xuddi boshimga kimdir mahv etuvchi gurzi bilan tushirgandek his qilardim o'zimni. Chunki o'limni judayam yaqindan ko'rgandim. U bilan yuzma-yuz kelgandim. Va... va unga o'g'limni topshirgandim... Ammo... ammo ko'zimdan bir tomchi yosh dumalamasdi... Marosim tugagandi. Hamma qarindosh-urug', mahalla-ko'y uy-uyiga tarqagandi. Shom payti hovlimiz oldidan oqib turgan arqining bo'yiga cho'kkalab, suvga tikilib o'tirarkanman, ichim toshib kelgandi. Atrofda hech kim yo'q edi va o'shanda men tonggacha yig'laganman, bo'zlaganman, yonganman. Kechasi esa mahallaning qaysi bir eshiklaridan magnitofon ovozi yangragandi. Negadir shu narsa hech esimdan chiqmaydi. Holbuki, ular boyagina-kunduzi mening bolam uchun oh-voh urishgandi.

Men esa, oradan necha o'n yillar o'tishiga qaramay, hali-hanuz o'sha dardimni unutolmayman. Bu dard go'yo musallasga o'xshaydi-vaqt o'tgan sari kuchaymoqda. Iztirobdan qutilarman deya "Yolg'izlik", "Muvozanat" degan asarlarimda obi diyda qildim, talay she'rlar bitdim, yo'q, kor qilmadi - u hamon men bilan birga. "Sadoqatingdan o'rgilay, ey tuzalmas dard!" degim keladi turib-turib)"[7]

Ko'rinadiki, qalb iztiroblarining barchasini ko'z yoshlarni shashqator oqizib, tashqariga chiqarib bo'lmaydi. Ba'zida, sukunat olamni buzib jar solishdan muhimroq. Bir qarashda Merso va G'aybarovning ta'ziyadagi holati jamiyat uchun axloqsizlikdek ko'rinadi. Chunki, ularning xatti-harakati butun insoniyat bo'ysunib kelayotgan qonunlarga zid.

Albatta, oqning qanchalar pokiza oppoqligi qora bilan yonma-yon qo'yganda yanada yorqinroq ko'rinadi. "Galatepaga qaytish"da G'aybarov qiyofasi Samad obrazining talqini orqali yanada yaqqolroq namoyon bo'ladi. Samad-o'z huzuri uchun o'zganing insonlik sha'nini toptab o'tishdan ham qaytmaydigan xudbin odam. Asarga keyinroq qo'shilgan alpinist

---

[7] Hamdam U. Jamiyat ichra samimiyat bahosi.
www.ulugbekhamdam.uz/

14

yigit Qobil tog'da qor ostida qolib ketib ko'zlari ko'rmay qolgan. U uyda o'tirib zerikadi, xotiniga yuk bo'lgani uchun qiynaladi, ko'pincha arxeologlarga qo'shilib, nimanidir qidirib yurgan G'aybarovning oldiga gaplashgani kelib turadi. Uni Samad mashinasida olib kelib qo'yadi, keyin qaytarib uyiga tashlab ham keladi. Ammo Samadning bu "yaxshiliklari" bekorga emasligini bilib qolgan G'aybarov bunga hayron qolmaydi. Chunki, Samadning qanaqaligini u juda yaxshi biladi.

Qissaning "Samad" bobida Samad talabalik paytlarida G'aybarovning soatini olib qaytarib bermagan qo'shni xonadagi yigitlar haqida gap ochadi. Samad G'aybarovning o'z soatini so'ray olmaganiga e'tibor qiladi. G'aybarov esa nima uchun o'zlari qaytarib bermaganlariga hayron bo'ladi: *"...So'rash shartmi, ular shusiz ham mening soatim ekanini bilishardi-ku? Sababi boshqa yoqda, Samad. Ular meni mensishmasdi, do'stim. Tushunasanmi, mendan mutlaqo uyalishmasdi, men nima-yu manavi jonsiz devor nima-ularga baribir edi. Lekin mening devordan farqim borday, buni bilaman, afsuski ko'nglimdagini do'stimiz Shoir kabi so'zlarga tiza olmayman...*"[8]

Bu fikrlardan bilsa bo'ladiki, G'aybarov jamiyatdoshlaridan nafaqat xarakteri, balki fikrlash doirasi bilan ham tubdan farq qiladi.

Asardagi ikki qahramonning ma'naviy qiyofasidagi jiddiy farq ko'zga tashlanadigan dialoglardan yana biri:

-...Sen ayt, nega men birovning haqini ololmayman? Vijdon deganlari shumi? Vijdon bunchalar jo'n emasdir?

⁻Bir marta olsam, keyin shunaqa bo'b qolaman, deb qo'rqasan,-dedi Samad. –vijdon emas, shunchaki xudbinlik, dimog'dorlik...[9]

Ko'rinib turibdiki, G'aybarov o'taketgan xudbin emas. U hayotda yashashdan asl maqsad nima ekanligini, uning asl mohiyatini to'la anglab yetgan. Tan olish kerakki, jamiyat o'ziga o'xshamagani uchun, hamma rioya qilib kelgan axloq va odob qoidalariga rioya qilmagani uchun G'aybarov va Mersodek shaxslarni begona deb biladi. Ammo bular butun bir jamiyat amal qilib kelayotgan qoidalarga bo'ysinishni istashmaydi. Istashmaydi emas, shunchaki ikkiyuzlama-chilik

---

[8] Do'st M.M. Galatepaga qaytish yoxud saodatmand G'aybarov rivoyati. T.: G'.G'ulom, 2009-y. 116-117-b.

[9] Ko'rsatilgan manba. 116-b.

qilishni o'z vijdoniga zid deb biladi.

"Insoniyatning tarix davomida topgan eng kata mantig'i bu- Xudoga e'tiqod! Odam tabiatini mulohaza etaturib goho shunday fikrga borasan, kishi: agar Xudo bo'lmaganda edi, uni o'ylab topishgan bo'lardi..."[10],- degan edi atoqli adabiyotshunos olim Ulug'bek Hamdam. Merso va G'aybarov xarakteridagi oshkoralikni jamiyat dahriylik deb tushunadi. Ikkala obraz ham jamiyatdagi ikkiyuzlamachiliklar, munofiqliklarga ergashmaydi. Ular, sirtdan taqvodor bo'lib, aslan xudosiz bo'lgandan, qalbida borini oshkora ko'rsatishni ma'qul ko'rishadi.

Kamyuning "Begona" qissasini o'qish davomida Merso go'yo ikkita arabni sovuqqonlarcha otib o'ldirgani uchun emas, balki onasining o'limi kuni yig'lamagani, shu kuni eski tanish qizi-Mari bilan cho'milgani, u bilan birga vaqt o'tkazgani uchun sud qilinayotgandek ko'rinadi. Sudda uning qalbi jinoyatchi, deb topiladi. Shuning uchun ham jazo g'oyat og'ir ko'rinish oladi: O'lim! Agar Merso tergovchi bilan bo'lgan savol-javoblarda, umuman, atrof-muhitga nisbatan bo'lgan o'z munosabatida

---

[10] Hamdam U. Jamiyat ichra samimiyat bahosi. www.ulugbekhamdam.uz/

17

boshqalarga o'xshagan odam bo'lganida, ya'ni, vaziyatga qarab turli "obrazlarga kirganida", sud unga nisbatan mutlaqo boshqa chora ko'rishi mumkin edi. Biroq Mersoning qo'lidan kelmaydigan bitta ish bo'lsa, u ham nosamimiylik edi. Shuning uchun ham u onasining jasadi ustiga kelib o'tiradiyu ichidan kelmagani uchun yig'lamaydi. Yig'lay olmaydi.

Kamyuning ushbu asarida inson umrining o'tkinchiligi, har qanday inson qismatining omonatligi haqidagi badiiy haqiqat mavjud. Asar qahramoni Mersoni tushunish uchun odamda, avvalo, uning samimiyati bo'lishi lozim.

Ko'rinadiki, "Begona" va "Galatepaga qaytish" qissalari ayni chog'da dunyoqarashlar jangi ham bo'lib kelmoqda. Shu xususiyati bilan o'quvchilarni ham bir necha taraflarga bo'lib tashlaydi: dunyoqarashlar bahosi davom etadi. Shu o'rinda Mersoning qismati o'ylatadi kishini: ular jazoga loyiqmi yoki avfga? Izlasa, "ha" yoki "yo'q", Merso uchun ikkalasiga ham javob topiladi. Balki, Samad o'ylaganidek, odamlarning baxtsiz bo'lishiga unga o'xshaganlarning hech qanday daxli yo'qdir.

"Ha!"… Merso albatta jazoga loyiq! Chunki u ikkita begunoh odamni hech bir sababsiz otib

18

o'ldirdi. Ushbu mudhish jinoyatni sira oqlab bo'lmaydi. Qotillik qotillikdir! U tiriklik, hayot qonuniga zid! Hech qanday insonning o'ziga o'xshagan yoki o'xshamagan boshqa bir odamni o'ldirishga haqqi yo'q! Hatto atayin bir chumoli yo maysaga zarar berish ham katta jinoyat! Gap tamom-vassalom! Demak, jazo yuz foiz adolatli! "Yo'q!"... jazo adolatsiz! Chunki Mersoni qilgan jinoyati uchun emas, balki samimiyati uchun sud qilishdi. Jamiyat o'ziga o'xshamagani uchun uni o'limga hukm qildi. Bu esa adolatli hukm emas! Qolaversa, Merso qotillikni kuchli stress holatida amalga oshirdi. Chunki, uning onasi vafot etgandi. U onasining o'limi uchun qayg'urmagan, dafn marosimida yig'lamagan bo'lsa-da, ich-ichidan to'kilib, barcha qayg'uni his qilib bo'lgan edi. Sud Mersoning onasi jasadi ustida yig'lab-yig'lamaganini emas, balki ayni mana shunday ma'nolarini hisobga olib, qotilligi uchun hukm chiqarishi lozim edi. Sud, uning ishtirokchilari Mersoni o'ziga, jamiyatga begona deb topadi. Aslida-chi? Aslida, kim kimga begona? Jamiyatning o'zidan qidirmoq kerak emasmi bu illatni! Asl begonalar o'z vijdoniga xilof ish tutuvchi kishilar, dili boshqa-yu tili boshqalar emasmi?...

Shu o'rinda qoyil qolmasdan iloj yo'q! Ushbu asar nafaqat odamlarni, balki har bir yakka o'quvchining o'zini ham ikki tarafga bo'lib tashlayotganligini guvohi bo'lamiz. Ko'rinadiki, Kamyuning "Begona" qissasi o'quvchini chinakamiga fikr yuritishga, voqealarga nisbatan o'z yondashuvini qayta tahlil qilib chiqishga undaydigan asarlar xilidan.

Aslida, bu yorug' dunyoga inson o'z hayotidan ma'no izlash, unga mazmun bag'ishlash uchun keladi. Allohning irodasi ham shunday, olamdagi hamma narsa inson uchun, uning baxt-saodati uchun yaratilgan. Demak, undan voz kechish be'manilikdir. Kamyuning yozishicha, baxt va absurd shu yerning egizak farzandlaridir, ularni bir-biridan ajratib bo'lmaydi. Buning ma'nosi shuki, dunyoga kelgan inson bu ma'nisiz hayotida o'ziga sabr-toqat, taskin izlaydi. Buni baxt deyishimiz mumkin. Ammo uni topolmay umri o'tsa-chi? Bunday holat, ma'lumki, adabiyotshunoslikda "absurd" deyiladi. Aytish mumkinki, absurdizm o'ziga xos xarakterga ega bo'lib, mazmunan hayotni chuqur tahlil etgan oqim sanaladi. Unda soxta rasmiyatchilik, yolg'on iztirob, aldamchi his-tuyg'ular ochiqchasiga ta'qib ostiga olinadi.

Ehtimol, jamiyat bunday odamlarni qabul qilolmas, ammo oramizda, balki, yonginamizda shunday odamlar bordir. Biz ularni ko'ramiz, xolos. Tanib ulgurmaymiz. Absurd yozuvchilar esa ularning yuzidagi niqoblarini uloqtirib tashlashadi. Kamyu "Begona" timsolida ichimizda minglab "begonalar" mavjud ekanligini ko'rsatib bergan bo'lsa, adibimiz M.M.Do'st G'aybarov obrazi orqali oramizdagi "Samadlar" qiyofasini ochib beradi.

O'zaro taqqoslash jarayonida ma'lum bo'ladiki, ikkala qahramon ham (Merso va G'aybarov) o'y-fikrlar girdobiga asir. Dunyo faqat alam, azob, anduhlardan iborat ular uchun. Barchadan samimiylik qidiradi. Natijada hech kimsiz, hech narsasiz qolishadi. Muhabbatga, Xudoga ishonishmaydi. O'zgalar nazdida ular e'tiqodsiz edi go'yo. Aslida, ular riyokor do'stlardan, odamlardan nafratlanishadi. Tuyg'ular, kechmishlar o'xshaydi. Tasavvurga erk berilgan. Shuningdek, Samad va Raymon Sintes o'rtasidagi o'xshashliklar, Salamano bilan Raim oqsoqolning kuchugiga o'rganib qolish holatlari ikki asar Yer sayyorasining mutlaqo ikki tomonida yozilgan bo'lsa-da, lekin insonlar qalbi, undagi intim kechinmalar bir xil ekanligini isbotlaydi. Qolaversa, "Begona" va "Galatepaga qaytish"da bir-biriga o'xshashlik jihatlar ko'p. Bu nafaqat obrazlar xarakterida, balki voqealar silsilasida ham kuzatiladi. Masalan, sud jarayoni, tergov, qamalish...

"Galatepaga qaytish" bilan "Begona" asarlari yozilishi vaqti va makondan bir-biridan farq qilsa-da, ular o'rtasidagi o'xshashliklar quyidagi holatlarda yanada yaqqol seziladi:

- Ikkala asarda ham inson va uning hayotdagi o'rni, o'limning haq ekanligi, hayotning mazmuni haqida fikr yuritiladi;

- Ikki asarda ham shaxsning jamiyatdagi o'rni, maqomi uning axloqi bilan belgilanadi;

- Butun bir jamiyat va muhit qahramonlar (Merso va G'aybarov) xarakteriga mutlaqo qarama-qarshi va begona bo'lib, insonning ichki tuyg'ulari va tabiati o'rtasida hech qanday aloqa yo'q;

- Hayot va o'lim hodisalarini taqqoslaydi;

- G'aybarov hamda Mersoning atrofidagi odamlarga munosabati zamirida o'zini, o'zligini izlayotgan, bir so'z bilan aytganda, hayot chorrahasidagi shaxs qiyofasi ko'rinadi;

- Ijodkorlar qahramonlarining ruhiyatini, xarakterini yaqqolroq, tabiiyroq ochish maqsadida

22

ichki monolog va dialoglardan foydalanadi. Buni yana uzoq davom ettirish mumkin. Oramizdagi ba'zi kimsalarning soxtalik niqobi ostida yillar davomida yashirinib keluvchi haqiqiy qiyofalarini bu ikki iste'dodli adib (A. Kamyu va M.M.Do'st) shu darajada mahorat bilan tasvirlab berganki, bu qadar oshkoralikdan o'quvchi hayratga tushadi. Shu o'rinda "absurd" bema'nilik emas, balki, haqiqatning asl "qiyofasi" degan fikr paydo bo'ladi.

Foydalanilgan adabiyotlar

1. Do'st M.M. Galatepaga qaytish yoxud saodatmand G'aybarov rivoyati. T.: G'.G'ulom, 2009-y. 3-b

2. Kamyu A. Begona (Qissa va roman) T.: "Yozuvchi"-1995. 5-b.

3. Miraliyev S., Shokirova R. O'zbek adiblari, T.: G'afur G'ulom 2016-y.

4. Qahramonov Q. Absurd faqat ma'nisizlikmi?// "Sharq yulduzi". 2009. -№2. 146-b.

5. Rahimjonov N. "Adabiyotshunoslikning yangi bosqichi// "Sharq yulduzi". -2011. №5.

6. Xolbekov M. Ekzistensializm: Alber Kamyu // "Jahon adabiyoti".- 2013. №11.

7. Hamdam U. Jamiyat ichra samimiyat bahosi // ulugbekhamdam.uz/

AYOL QALBI

(Jamila Ergasheva ijodiga chizgilar)

Jamila Ergasheva ijodiga chizgilar tarzida yozilgan "Ayol qalbi" maqolasida adibaning "Dard" hikoyasi atroflicha tahlil qilinadi. Unda yosh, izlanuvchan adabiyotshunosning tafakkur bulog'idan qaynab chiqqan fikrlar o'z ifodasini topgan. Tahlil jarayonida, asosan, ijodkorning badiiy uslubi va tiliga alohida e'tibor qaratilgan.

Milliy adabiyotimiz rivojiga Surxon adabiy muhitidan yetishib chiqqan qalam egalarining hissalari beqiyosdir. Masalan, Shukur Xolmirzayev hikoyachilikda katta bir o'ringa ega bo'lsa, qissa va romanlari bilan tom ma'noda "O'zbek xalqiga haykal qo'ygan" Tog'ay Murodning ko'ngillarga qo'shiqdek oqib kiruvchi satrlaridan so'ng, o'zbek nasri osmonida kuchli momoqaldiroq sodir bo'ldi. Bu ovoz ko'pchilikni g'aflat uyqusidan uyg'onishiga sabab bo'ldi, deyish mumkin. Erkin A'zam, Nodir Normatov, Mengziyo Safarov kabi qalam sohiblari ham o'ziga xos badiiy mahorati, o'zgacha tasvir uslubi bilan bu an'anani davom ettirib, ular yaratgan tipik obrazlar kitobxon e'tiboridan chetda qolmadi. O'z uslubi va o'zgacha mahoratiga ega, surxon adabiy muhitida kamol topgan ayol ijodkorlardan biri Jamila Ergashevadir.

Ustoz adib Shukur Xolmirzayev Jamila Ergashevaning hikoyalariga shunday baho beradi: *"Nasr yozish ko'pincha erkak adiblarning ishi sanaladi. Haqiqatdan ham nasrnavis xotin-qizlarimiz barmoq bilan sanarli. Aytish joizki, bizdagina emas, umuman, dunyo adabiyotlarida ahvol shunday va buning tabiiy sabablari ham ayon: nasr adibdan kata kuch-quvvatni, vaqtni, tasvirda mumkin qadar xolis, hatto shafqatsiz bo'lishni talab qiladi. Ayol...vaqti hamisha hisobli ayol bu ishga qanday jazm etsin? Tasvir bobida ham ayolga qiyin: u-tabiatan ta'sirchandirki, anchayin hatti-harakat ham unga kuchli ta'sir etishi oqibatida qalam ko'zlangan maqsaddan chetga burilib ketishi, demak, sovuqqon yo'lboshlovchi Aql o'rnini "ko'chasi ko'p" Ko'ngil olishi xavfi hargiz muallaq turadi. Endi shu barcha to'siqlarni bosib o'ta olgan Ayol yozuvchini tasavvur eting-chi? Bundaylarga qoyil qolish kerak. Buning ustiga, mahorat bobida talay erkak adiblardan ham o'tkazib yoza olsa! Jamila-ana shunday adiblarimizdan biri,[11]* -deb, yozuvchiga ulkan ishonch bildirgan edi.

---

11 "Oila va jamiyat" gazetasi, 1998-yil, may

J.Ergashevaning ijodi adabiyotshunoslar va izlanuvchilar tomonidan keng miqyosda hali o'rganilmagan bo'lsa-da, ammo adiba yaratgan qissa va hikoyalar keng kitobxon e'tibori va e'tirofiga sazovor bo'lgan. Ijodkor qalamga olgan insonlar siz-u biz bilan hamisha hamnafas, zamondosh kishilar. Oramizdaki odamlarning biz bilmagan ko'ngil kechinmalari-yu turmush tarzini, dard-u iztiroblarini ko'ra olish va his qilish uchun esa kishida, avvalo, ijodkor qalbi va nigohi bo'lishi kerak.

Jamila Ergasheva qalamiga mansub bo'lgan asarlar mutolaasiga kirishar ekansiz, undagi uslubiyat o'quvchini hayratlantiradi. Ijodkor qahramonlarning harakterini, ma'naviy-ruhiy holatini ularning xatti-harakatlari va nutqi orqali tasvirlaydi. Ushbu tasvir zamirida ijodkorning qahramoniga nisbatan o'zining ijod jarayonidagi ruhiy holatini singdirilishi seziladi. Bu haqida adabiyotshunos D.Qurbonov shunday fikr bildiradi: *"Nutq jarayonida aytilgan gap (dialogdagi replika)da so'zlovchi ongida ayni payt (nutq momenti)da kechayotgan holat, adabiy asarda esa san'atkorning ijod onlaridagi*

27

ma'naviy-ruhiy holati muhrlanadi".[12] Masalan, ijodkorning "Dard" hikoyasida hayotda faqat onalargina har oqshom bolasining nasibasi uchun sog'-salomat turishini Ollohdan iltijo qilishini, farzandi uchun har qanday holga tushishi mumkinligini, ularning baxti uchun har nega qodirligi, baxtsiz bo'lsa, yurak-bag'ri sitilib ketuvchi yagona inson ham ona ekanligini ko'rsata olgan. Bosh qahramon Sulton kampirning boshiga g'am qo'ngan, ya'ni kenjasini uylantirgach, kelin chillasi chiqmasdan otasini uyiga ketib qolishi, natijada akalaridan ham, boshqalardan ham mutlaqo "boshqacha", juda sodda farzandi Kenjaning majnunsifat ko'chalarda tentirab yurishidagi holatida kampirning qalb iztiroblarini uning nutqida quyidagicha ifodalaydi:

"- Onang bo'lmay, mengina o'layin-a, bolam!... Qo'limdan bir ish kelmasa! Qayerlardan seni uylantirdim-a! Sog'larni devona qilgan ishq savdosi qurib ketsin-a, mening devona bolamni daydi qildi, adoyi tamom qildi! Endi qandaylar chora topaman-a!"

"...-Jon bolam, uyga yur, uyingga yur. Jonim bolam, yo'q dema, uyga qayt."

---

12 Qurunov D. "Talqin imkonlari" T.: "Turon zamin ziyo" 2005-yil 18-b

"-Yo'q, dema, bolam. Kenjam o'lib qoladi. Savob uchun, Xudoning roziligi uchun qaytgin. Mayli, uni er deb bilma, bir mushukka qaragandek qarasang ham mayli, faqat uni bu ahvolda tashlab ketma. Bir odamni bir parcha etdan boqib-bovlab, ko'pga qo'shish qancha savob bo'lsa, birovning hayotini saqlab qolish ham shuncha savob bo'ladi. Hech ish qilma, qo'lingni sovuq suvga urmasang ham mayli, faqat uyingda o'tirsang bo'ldi. Xo'p degin, jonim bolam, maylimi?..."[13]

Asarda Kenjaning hayoti oddi va samimiy satrlarda chizib berilgan. Kenjaning yurish-turishi, o'zini tuta bilishi, kasbi, boringki jamiyatdagi, hatto akalari orasidagi o'rni ham oddiy. U bozorda aravakash bo'lib ishlaydi.

Odamlar bilan haq talashmaydigan, berganiga qanoat qilib ketadigan soddagina inson. Har kuni bozor chekkasidagi eng gavjum oshxonadan bir kosa osh, bitta kulcha olib, uning orqasidan bittagina muzqaymoq bilan tushlik qilish, qolgan pullarini bir so'mini ham ishlatmasdan onasiga keltirib berishi uning doimiy qiladigan ishi.

"....Sulton kampir kechki paytlar bozordan ranglari o'chinqirab qaytgan o'g'lining

---

13 Ergasheva J. Dard//Sharq yulduzi. -2016-№ 5

yelkalaridan quchib, "Boy bolam, boyvachcha bolam-a",-deb erkalaydi...[14]

Ijodkor Sulton kampirning nutqi orqali onaning o'z farzandiga bo'lgan mehri qanchalar kuchli ekanligini birgina "Boy bolam, boyvachcha bolam-a",-deb erkalashida ifodalaydi. Onalar hamisha dardli, nuqsonli farzandlari haqida, ularning ertasi va turmushi haqida ko'proq qayg'urishadi. Qachonki, ojizgina farzandining o'zini eplay olishiga, hech kimga muhtoj bo'lmasligiga biroz bo'lsa-da ishonch hosil qilgandagina dardli dili yupanch topgandek bo'ladi.

Jamila Ergashevaning qisqa satrlar bilan chuqur mushohadali mazmun kasb etgan hikoyalarida sirlilik jo bo'lgan. Masalan: "O'zini osaman, deyapti juvonmarg" oyog'i tug'ma oqsoq, shu ayb bilan yoshi o'ttizga yetgan, ota-ona ham o'lib ketgan, yangalarining xizmatida turtkixo'rda bo'lib yurgan Oygul har qanday dardga chiday olishi kerak edi-ku! Chillasi chiqar-chiqmas ketib qolgan kelinni qiynayotgan dard nima ekanki o'zini osmoqchi? Mazkur sirlilikda til imkoniyatlaridan ham unumli foydalanilgan. Bu yozuvchining badiiy mahorati va o'ziga

---

14 Ergasheva J. Dard// Shrq yulduzi. -2016-№ 5

xosligi. Qahramonlarning hayotini jonli, haqqoniy tasvirlaydi. Ortiqcha mubolag'a va bo'rttirishlardan xoli. Yozuvchi ona, kelin, Kenja obrazlari ustidan hukmronlik qila bilmaydi, ularni boshqara olmay qoladi. Asarda qahramonlar o'z tabiatlari mantig'iga ko'ra harakatlanadi.

Ona va Kenjaning iztirobi o'quvchini sel qiladi, birinchi o'qishdayoq qahramonga dardkash qilib qo'yadi. Asar qahramonlarining dardini anglash, eng muhimi ularning qalbiga quloq tutish lozim. Balki, kitobxonning eng birinchi vazifasi ham shudir.

Adabiyotlar:

1. Ergasheva J. Dard//Sharq yulduzi.-2016-№ 5

2. "Oila va jamiyat" gazetasi, 1998-yil, may.

3. Qurunov D. "Talqin imkonlari" T.: "Turon zamin ziyo" 2015-yil.

YUMORGA YO'G'RILGAN ACHCHIQ HAQIQAT

(Jamila Ergashevaning "O'lim" hikoyasi misolida)

Hozirgi o'zbek adabiyotida jumladan, hikoyachilik tobora rivojlanib, o'z shakli va mazmuniga ega bo'lib boryapti. Bunga, albatta, ushbu davrda yaratilayotgan hikoyalar va ular orasida o'z saviya kuchi bilan hamon "adabiyot atomdan kuchli" ekanligini isbotlovchi asarlar ham majvudligidir. Hikoyalar milliy adabiyotimizning shakllanishida alohida o'rin tutadi. Shuning uchun ham ularni badiiy adabiyot namunasi yoki milliy adabiyot qadriyati sifatida o'rganish mumkin.

Hikoyanavislikdagi yangilanish va o'zgarishlar jarayonini o'rganish, ularning saviyasini belgilash, kitobxonlarni yaratilayotgan badiiy, yuksak saviyaga ega mukammal asarlardan xabardor qilish bugungi adabiyotshunoslikning dolzarb vazifasidir. Ana shunday hikoyalar serqirra ijodkor Jamila Ergasheva ijodida mavjud bo'lib, ularni bugungi fan-texnika shiddat bilan rivojlanayotgan davrda ham adabiyot maydonida mavjud ekanligini bildirish, asarning zamon bilan bog'liq jihatlarini o'rganish, obrazlar olami bilan tanishish va badiiyatini o'rganish ham muhim ahamiyat kasb etadi.

"Istiqlol davri milliy nasrimiz tarqqiyotining muhim tamoyillaridan biri mafkura tazyiqidan qutulgan ijodiy jarayonda yuzaga kelgan erkinlashtirish natijasida mavzular doirasining kengayganligi va xalqimiz turmush tarzini, ularning turfa xil ruhiy-psixologik kechinmalarini adabiyotimizdagi mavjud milliy an'analar va jahon adabiyotidagi ilg'or tajribalardan ta'sirlanib, o'ziga xos turli tasvir usullarida aks ettirayotganligidadir"[15]

Jamila Ergashevaning "O'lim" hikoyasida ayni jihatlarni yaqqol ko'rishimiz mumkin. Ushbu hikoyada dastlab yozuvchi maqsadini anglash qiyin kechadi. Hatto asar qahramonlarining ismi ham oshkor etilmaydi. Buni albatta, ijodkorning o'ziga xos uslubi deyish mumkin.

Asarda uzoq yillar (butun umr deyish ham mumkin) "davlat ishida ishlagan" inson hayoti tasvirlanadi. Garchi "davlat ishi" deyilsa-da, aynan qanday ish ekanligi aytilmaydi. Muhimi bu emas. Balki ijodkor o'quvchisini chalg'imasligi uchun asosiy maqsad sari shu yo'sinda yetaklab

---

15 To'rayev Damin. Yangi o'zbek adabiyoti.- Toshkent. Fan, 2008. 178-b.

borar... Asar davomida adib qismat, o'lim haq ekanligi, inson taqdiriga yozilganidan ayro tushmasligi, ajal kelganida barcha ishni tashlab boqiy dunyoga ketishni hayotiy misollarda, samimiy ranglarda tasvirlab beradi.

Ushbu mo'jizagina hikoyada inson qadr-qimmati, jamiyatdagi o'zaro munosabatlar, makon va zamon ziddiyatlari hamda o'tgan asrdagi mafkuraviy tazyiqlar "yashirin pardalarda" aks ettiriladi. Hikoya quyidagicha boshlanadi:

Uning o'lganligi haqidagi xabarni eshitib, unga qancha achingan bo'lsam, o'zimdan shuncha havotirlandim:

"Ha, o'lim barhaq! Hali nihoyasiga yetmagan qancha ishlarim bor!"[16]

Hamkasbining o'limiga achingan muallif, o'zidan chuqur havotirga tushadi. Negaki, hamkasbining o'limi uni ham hayotning asl mohiyati haqida o'ylashga majbur etyapti. Uning ham qanchadan-qancha qiladigan ishlari yotibdi. Lekin, o'lim kutib turmaydi. U so'rab ham o'tirmaydi. *"Biz keldik, kiraversak maylimi, u yoq-bu yog'ingni tartibga solib olganmisan, yo'qmi?"* deb.

---

16 O'zbek nasri onlayn antologiyasi//Jamila Ergasheva// O'lim (hikoya)/ Ziyouz.uz 18.04.2012

Qarangki, butun umr ter to'kib, mehnat qilsa-da, umri ijara uyda yashash bilan o'tib ketdi. Xotinining *"Sizga tegib umrim davlatning uyida o'tib ketdi. Bir hovli-joy qilmadingiz"*, deyishida... aytish mumkinki, bir insonning besamar o'tgan umrini ko'rish mumkin. Boz ustiga o'g'lining *"Hamma o'rtoqlarim mashina minib yuribdi. Menga bitta mashina olib bermadingiza-a"*, deb o'pkalashi bechoraning yanada qaddini bukadi. U davlat ishida ishlasa-da, shaxsiy uy-joy qilishga imkoni yetmaganidek, mashina olishning ham iloji yo'q! Ammo unda umid bor edi. Uzoq yillik mehnati evaziga ishxonadagi chiqitga chiqib, necha yillardan beri ishlamay, to'kilib yotgan mashinalardan birontasini arzon-garovga berar, deb boshliqning oldiga kirdi. Yangi mashina so'rasa ham bo'lardi-ku. Lekin bu yerda ijtimoiy tengsizlik nafasi "ufurib turgandek".

Aslida ham shunday. Boshliqning miyig'ida kulib, *"Sizga bermasak, kimga beramiz. Faqat shoshmay turing"*, deyishi unga jamiyatdagi eng past insonga (aslida "past-baland" so'zlarini insoniyatga nisbatan ishlatish to'g'ri bo'larmikan?) qaragandek, go'yo hech kimdek munosabatni bildiradi. Hatto, dildan suhbat qurish

35

uchun hamkasbi, ya'ni muallifning yoniga kirganida ham unga yetarlicha e'tibor berilmadi. Ana shunda, tirikligida hech kim qayrilib ham qaramaydigan, hatto odamlar orasida tirikligi ham sezilmagan bir insonning vafot etganidan soʻng, mayyitini soʻnggi manzilga kuzatishdan oldin kostyum-shimda, sochlarini kuzab, azaga keluvchi *"kattakonlar"* oldida *"uyaltirmaslik"* uchun qilingan xatti-harakatlar kulgini qistaydi. Yoʻq, aslida shu oʻrinda kulish emas, hoʻngrab yigʻlagan afzalroq. Negaki, mafkuraviy tazyiqlar hatto shu oʻrinda ham suqilib kirgani gʻashingizni keltiradi.

Aza tasvirida muallif oʻziga xos yondashadi. Ya'ni, undagi aytimlarni deyarli toʻlaligicha kiritishi, xalq an'analarini, folklorini yanada namoyon etishga biroz boʻlsa-da hissa qoʻshish deb qarash mumkin.

Olmadan otlar qilayin, toʻram-
ov,

Toʻr togʻiz yotlar qilayin,
toʻram-ov.

Olmamiding, normiding, kunim-
ov, toʻram-ov,

Yolgʻonchida bormiding, toʻram-

36

ov...^{17}

Ko'rinib turibdiki, ajdodlardan o'tib kelgan urf-odatlar qanchalar davr tazyiqi bo'lmasin-hech bo'lmasa, ma'rakalarda o'z aksini saqlab qolgan. Ammo Bahrinisojonga o'xshashlar borini ham kulini ko'kka sovurgani olmaning qurti o'zidan chiqqandek, boltaning dastasi daraxtning o'z shoxidan bo'lgandek gap. Mutolaa jarayonida e'tibor bersangiz, mayyitni rasmiy libosda kiyintirib qo'yish to Bahriniso kelguniga qadar hech kimning hayolida yo'q edi. U yaqin insonining azasida ham "kattakonlar"ning chizgan chizig'idan chiqmaslikka urindi. Bir qarashdan u ham shunga majburdek tuyuladi. Lekin muallif bunga biror-bir ishora qilmaydi. Hikoyani o'qish asnosida mana bu satrlar o'quvchini biroz sergaklantiradi:

"...Anchadan so'ng eshik ochilib, erkaklarning birovi Bahrinisoni imlab chaqirdi. Uning rangi qumdek oqarib ketgan edi. Shivir-shivir qilib o'tirgan bir uy xotin bitta quloqqa aylanib, erkakning og'ziga tikilishdi...^{18}"

Dastlab o'quvchining xayolidan murdaning butun umr odamlardan yashirib kelgan biror

17 O'zbek nasri onlayn antologiyasi//Jamila Ergasheva// O'lim (hikoya) // ziyouz.uz 18.04. 2012
18 O'zbek nasri onlayn antologiyasi//Jamila Ergasheva// O'lim (hikoya) // ziyouz.uz 18.04. 2012

nuqsoni bormikan? Yoki ichkarida kutilmaganda g'ayritabiiy biror voqea sodir bo'ldimikan? Balki...? Bu kabi o'y-xayollar har bir kitobxonda bo'lishi tabiiy. Ammo asar davomida bunday sarosimaning sababi aytilgan... yana o'sha holat: kulishni ham yig'lashni ham bilmaysiz.

"...*Erkak xotinlarga qaraydigan holatda emas edi. Shunday bo'lsa-da, birov eshitib qolishidan qo'rqqandek vahima bilan shivirladi:*
-*Jag'ini yechib bo'lmaydi.*
-*Nega?*
-*O'zi ochilib qolyapti.*
-*Bilmadim.*
-*Bir ilojini topinglar, boshini balandroq qilib yotqizasizlarmi, yonboshroq qilib qo'yasizlarmi?...*[19]

E'tibor berilsa, murdani qanday ko'yga solishning ahamiyati yo'q. Muhimi "kottakonlar"ga ma'qul bo'lsa bo'ldi. Shu o'rinda o'ylab qolasan kishi: o'lik kim? Xuddi uxlagandek, dunyo tashvishlarining barisiga qo'l siltab omonatini topshirgan, uy o'rtasida uzatib qo'yilganmi yoki uning atrofida rasmiyatchilik uchun har maqomga yo'rg'alaydigan, "kottakon"larga yoqish uchun o'zini va

---

19 O'zbek nasri onlayn antologiyasi//Jamila Ergasheva// O'lim (hikoya) // ziyouz.uz 18.04. 2012

yaqinlarini har ko'yga soladiganlarmi. Balki ushbu davrdagi butun bir jamiyat tirik murdadir? Nima bo'lsa ham ular rasmiyatchilikni boplashdi. Qo'llaridan kelgan hamma usulni qo'llab, hatto marhum tirikligida kiymagan kostyumni kiydirib qo'yishadi. Ko'ylakning birinchi tugmasini bo'g'ib qo'yadigan darajada o'tkazishadi... lekin, uning hiyol ochiq lablarining bir chetiga qo'nib turgan qop-qora pashshaga biron yaqini e'tibor bermas edi... Chunki, atrofdagilar uchun bu muhim emas. Ularning o'z dardi bor.

Jamiyatda ildiz otgan bu singari illatlarni o'ziga xos yumor bilan ochib bergan ijodkor Jamila Ergashevaning uslubiy mahoratini, uning yana bir qirrasini ushbu mo'jazgina hikoyada ko'rish mumkin.

Foydalanilgan adabiyotlar

1. To'rayev Damin. Yangi o'zbek adabiyoti.-Toshkent. Fan, 2008.-178-b.

2. O'zbek nasri onlayn antologiyasi//Jamila Ergasheva// O'lim (hikoya) 18.04.2012 Ziyouz.uz.

SAMIMIY TUYG'ULAR TASVIRI

(Qo'chqor Norqobil ijodiga ayrim chizgilar)

Surxon adabiy muhitida o'ziga xos ovoz va o'ringa ega, taniqli journalist, shoir, nosir va dramaturg Qo'chqor Norqobil o'zining kata-kichik asarlari bilan keng kitobxon e'tirofi va e'tiborini qozonib kelmoqda.

Sh.Rizaev adibning ijodi haqida shunday yozadi: *"Qo'chqor Norqobil hikoyalarining muvaffaqiyatini, avvalo, tuyg'ularning sofligi, ohorliligi, samimiyati, tasvirlarning bo'liqligi, majoz-u ramzlarga to'yintirilganligida, injaligida"* [20]. Bu *jihatdan "Qordagi lola", "Osmon ostidagi sir", "Nozi... Nozigul", "Ko'zlaringni ko'rgani keldim", "Bu yerlarda hayot boshqacha"* hikoyalari ilmiy-badiiy- publitsistik yo'sinda risoladagidek, chuqur tahlil qilingan.

Qo'chqor Norqobil asarlarida tasvirda sir saqlash usulidan keng foydalanadi. Voqea-hodisalar jarayonida o'quvchida "Bu yog'i qanday bo'larkin, nima bilan tugarkin?"-degan savollar tug'iladi. Masalan, uning birgina "Nozi... Nozigul" hikoyasini olaylik. Dastlab tong sahardan onasiga o'shqirgan Egamboy, Sarvi kelinning "Sira ovozi

---

[20] S.Umirov. "Voqealarning sirli tasviri". Q.Norqobil ijodiga chizgilar. "Hurriyat" gazetasi, 2016-y. 14-yanvar

o'chmaydi-ya..." degan ta'nalari bilan boshlangan asar, kechagi bazmda bo'kib ichib, endi uning azobini tortayotgan bosh obraz-Sarvarning holatiga o'tiladi. Sarvar nafaqat shu qishloqda, balki respublikada ham Sarvar Sardor nomi anchagina ma'lum va mashhur yozuvchi. U bu darajaga qanday erishgani, Yoshi qirqdan oshib qolgan bo'lsa-da, haliyam oila qilmagani uning ariq suviga termulib, yigirma uch yil oldingi so'nggi uchrashuvni eslab surgan hayollari orqali tasvirlanadi.

"U (Sarvar) boshi lo'qqillab og'riyotganini his qildi. Ko'kda yulduz xira nur sochyapti. "Uni ham xuddi shu yulduz kabi yo'qotib qo'yganman. Qancha urinmay taqdir uni mendan yulqib oldi...". Ich-ichini kuydirib, bo'g'zini shisha siniqlariday tilib o'tgan shu so'zlar beixtiyor sokin tong bag'riga sanchilganda, Sarvarning ko'kka tikilib toliqqan nigohidan bir tomchi yosh sizib, yanog'ini kuydirdi. U og'ir yutinib nigohini yumdi..."[21]

Yozuvchining voqealarida *"sir tutish"* uslubi mohirona o'z ifodasini topgan. Natijada yozuvchi o'quvchining "ichiga olov tushirib", voqealar rivojiga bo'lgan qiziqishini yana-
da kuchaytirishga erishgan. Yozuvchi o'zi tug'ilib o'sgan Oltinsoyni, qishlog'ini jonli tasvirlaydi. Bu

---

[21] 21 XX asr O'zbek hikoyasi antologiyasi. T.: "O'z ME", 2016-y, 596-b.

esa mazmunga shunchalik mos tushganki, hikoya qahramonlarining munosabatlarini bu vositasiz tasavvur qilib bo'lmaydi.

"...-Nozi, bu nima?

-Uzum. Surxa, oq kishmish, tuyatish. Sizga deb terdim."

"...-Haliyam esingdami?

-Esimda... Sizga bog'imizdan uzum terib olib berardim.

-Uzuming surxa, oq kishmish, tuyatish bo'lardi. Unda sen kichkina eding.

-Unda siz ham bolakay edingiz.

-Sochlaring qo'ng'ir-qo'ng'ir, patila edi.

-Sizning esa boshingiz doimo tap-taqir, sochingiz olingan bo'lardi..."

"...-Men sening bog'ingga o'zgalar qo'l cho'zishini xohlamayman.

Seniyam, o'sha bog'ingniyam hech kimga bermayman.

-Chiroyli gapirasiz, baribir shoirsiz-da..."[22]

Kuzatganimizdek, adib Sarvar va Nozigul o'rtasidagi munosabatni uzundan-uzoq tasvirlab, mayda ikir-chikirlarigacha hikoya qilib o'tirmaydi. Aksincha, oddiygina dialog orqali voqeilikni ro'y-rost o'quvchi ko'z o'ngida jonlantiradi. U

---

[22] XX asr O'zbek hikoyasi antalogiyasi. T.: "O'zME",2016-Y.,597-B.

bayonchilikdan qochadi . O'quvchini zeriktirishni istamaydi. Aksincha, o'zining jumboqlari bilan kitobxonni zavqlantiradi. Bunday holat, ayniqsa, Sarvarning qishloqdoshlari, sinfdoshlari bilan bo'lib o'tgan uchrashuvda yanada yaqqol seziladi. Tadbirda Sarvar o'zini noqulay his qilishi, duch kelgan odamlardan uyalib ketaverishi, sodda va samimiy, mehnatkash qishloqdoshlari qarshisida hayot haqida quloqqa xush yoquvchi gaplar aytishga tili bormay, ular huzurida g'o'ddayib turishi yanada sirli tuyuladi. Hatto o'zini *"O'la-a, Tolstoy yoki Chexovmisan, kimsan, hech bo'lmasa Shukur Xolmirzayevmisan deydigan odam yo'q"[23]*-deb koyiydi. Chunki mana shu samimiy va dilkash insonlar orasida uning beg'ubor bolaligi o'tgan. Ulardan o'rgandi. Ulardan topdi. Nimani yozgan bo'lsa, shu xalqdan ko'rganini yozdi. Qishloqdoshlaridan o'zini qarzdor his qilgan Sarvar shularni hayolidan o'tkazib, yanada o'ng'aysiz holatga tushadi.

Sinfdoshi Norsuluvni ko'rishi bilan juda katta siri ochilib qolgudek o'zini qo'yarga joy topolmaydi. *"...Iljayib turishidan hamon o'sha yo'rgakda tekkan kasalligi – betgachoparligi qolmaganga o'xshaydi... Beti qattiq qiz edi...*

---

[23] 23 XX asr O'zbek hikoyasi antalogiyasi. T.: "O'zME",2016-Y.,596-B.

Yuzingda ko'zing bormi demasdi-ya. Nega buncha iljayadi? O'rnidan turib savol-pavol berib qolsa-ya? Men siringni bilaman, deganday ma'noli qarayapti"[24]

Nima voqea sodir bo'lganki, Sarvar bunchalar o'zini aybdor his qilmasa? Kitobxonga bunday savol tug'ilishi tabiiy, albatta. Ammo, ko'p o'tmay adib "kalavaning uchini " ko'rsatib" qo'yadi. Bu u Norsuluvning tabrik so'zi vositasida yuzaga chiqadi.

"...- Assalomu alaykum, sinfdosh. Siz bizning faxrimizsiz. Ko'p kitoblar yozdingiz. Rahmat, hammasi uchun. Vatanga, xalqqa, el-yurtga bo'lgan sevgi-muhabbat haqida chiroyli gapirdingiz. Lekin,insonga bo'lgan sevgi-muhabbat haqida nima deysiz?"[25]

Bexato nishonga urilgan bu savol Sarvarni gangitib qo'yadi. Nimalardir deb , mujmal javob berib qo'yadi. Shundan so'ng voqealar silsilasi bilan o'quvchi tanishib borar ekan, asarni o'qish davomida xazon bo'lgan umrga, ayro tushgan muhabbatga achinadi. Ammo kitobxonning qalbi asar so'ngidan, ya'ni xotimasidan taskin topadi. Avvalo, vaqt hukmiga bo'ysunmagan muhabbati,

---

[24] XX asr O'zbek hikoyasi antologiyasi.. T.: "O'zME",2016-Y.,598-B.
[25] XX asr O'zbek hikoyasi antologiyasi.. T.: "O'zME",2016-Y.,596-B.

ikkinchidan jahl ustida achchiqlanib ichgan qasami sabab qirqdan oshib ham so'qqabosh yashab kelgan Sarvarning Nozigulga, oila qurib, bitta qizi bilan beva qolib ketgan birinchi muhabbatiga qayta yetishgani kitobxonga o'zgacha taassurot qoldiradi.

Qo'chqor Norqobil inson ruhiyati va tabiat manzaralarini bir-biriga vobasta, aloqador chizishda, portret, peyzaj, nutq detallaridan harakter yaratishda, til, so'z imkoniyatlaridan foydalanishda yetarli tajribaga egaligi asarlarda seziladi. Quyidagi bir chimdim nutqlardan ularni qaysi personaj, qay holatda aytgani-yu jinsi, yoshigacha sezilib turadi: *"otali olti to'ydi, enali yeti to'ydi"*, *"yomon qiliq yo'g'onni yorar"*, *"bizlar bir panadagi paqir, betkaydagi taqir bo'lsak"* kabi iboralarni ko'proq qishloq odamlari tilidan eshitish mumkin. Masalan, "Uzumning zo'rini it yeydi" iborasi bilan Nozigulni nafaqat sinfning, balki qishloqning eng oqila, tengsiz qizlaridan ekanligi, ammo otasi Haydar bakovulning birgina xatosi sabab munosib yigitga unashtirilganiga ishora qilinadi.

Shu o'rinda ba'zi mulohazalarni aytib o'tish joiz. Nozigulni jonidan ham yaxshi ko'radigan, "seni menga ravo ko'rmagan bu dunyodan toq o'tganim bo'lsin!" deb qasam ichgan Sarvarning so'zida turib qirqqa kirguncha uylanmay yurishi fazilati, lafziga sadoqati, lekin yozuvchi bo'la turib, eri o'lib qizi bilan yolg'iz qolganini bilgani holda uning keying taqdiriga, qiynalib yashayotganiga qiziqmaganligi, buni sinfdoshi Norsuluvdan eshitgani bir qadar ishonarsiz. To'g'ri, oxirida el-yurtining ichiga kirolmay, uzoqlashib ketganini sezib jur'atli, qat'iyatli odamga aylanadi, yurak sirini ochib, Nozigulga uylanajagini baralla e'lon qiladi. Qozonning qayeridan quloq chiqarish qozonchining ixtiyorida degandek, badiiy asarni nomlash, personajlarga nima nomni, qay kasb-korni ravo ko'rish ijodkorning inon-ixtiyorida. Bunda asar g'oyasi, mazmunidan, estetika, mantiq talablaridan kelib chiqiladi, shu ma'noda hikoyalarga topib, mos, xos, ko'rkam nomlar qo'yilganini aytish o'rinli.

Ba'zida inson izohlab bo'lmaydigan yoki izohlash shart bo'lmagan holga tushadi. Bu holatni his qilganingizdagina yozuvchi nima demoqchi ekanligini tushungandek bo'lasiz, beixtiyor unga xayrixox bo'lib qolasiz.

Muallif voqealar jarayoni qanday kechsa shunday, xolis tasvirlashga, munosabatni ochiq bildirmaslikka harakat qiladi, shuningdek, baho, hukmni ziyrak o'quvchi zimmasiga yuklaydi. Bu esa adibning o'ziga xos uslubi va mahoratidan dalolat beradi.

Foydalanilgan adabiyotlar:

1. XX asr O'zbek hikoyasi antologiyasi.. T.: "O'zME",2016-Y.

2. Norqobil Q. "Osmon ostidagi sir"/Qissa va hikoyalar/ T.: "O'zbekiston" NMIU, 2015-y

3. Umirov S. Voqealarning sirli tasviri. Q. Norqobil ijodiga chizgilar. "Hurriyat" gazetasi, 2016-y, 14-yanvar.

NODIR NORMATOV IJODIDA DAVR VA INSON TAQDIRI TALQINI

Biz to'la anglab yetmagan zohiriy dunyoda vaqt hukmiga bo'ysunmas narsalar mavjuddir. Ular ba'zida zamon va makon tanlamaydi. Bu holat nafaqat tashqi olamda, qolaversa, insonning intim kechinmalaridan bo'lmish muhabbat va nafratga ham xosdir. Unda na zamon, na makon mavjud. Shuningdek, vaqt hukmiga ham bo'ysunmog'i mushkul.

Borliq asosini tashkil etuvchi, uning o'zidek abadiy mavzular bor, ulardan biri muhabbat. Yer-osmonsiz, kecha-kunduzsiz bo'lmaganidek, muhabbatning ham ziddi bor. Bu-nafrat. Dunyoda o'zini inson naslidan ekanligini anglagan hech bir zot yo'qki, bu ikki tuyg'udan bebahra bo'lsa. Shuningdek, qo'liga qalam olib qalb kechinmalarini qog'ozga tushirgan ijodkor borki, bu tuyg'ular bilan hisoblashishga majbur.

O'zbek nasriga o'zining munosib hissasini qo'shgan adib N. Normatov ham o'zining katta-kichik asarlarida bu kechinmalarni mohirona tasvirlagan. Jumladan, "Umrining ikki kuni" nomli qisqagina hikoyasida insonning insonligini belgilovchi tuyg'ulardan biri bo'lmish muhabbat o'ziga xos uslubda tasvirlangan. Qolaversa, muhabbat va nafrat orasi bir qadamligi, ikkovi ikki ko'z misoli yonma-yon yurishi ushbu mo'jazgina hikoyada mohirlik bilan aks ettirilgan. Ushbu hikoyada ijodkorning o'ziga xos uslubini sezishimiz mumkin. Adib voqealarni bayon qilib o'tirmaydi, aksincha, qahramonlarning holatini ularning kechinmalari bilan hamohang tarzda tasvirlaydi.

Atrofda bahor nafasi bo'lsa-da, hikoya qahramoni Bo'riqul buni his qilmaydi, yaxshilikni ko'zlari ko'rmaydi, chunki uning qalbida qish hukmronlik qilmoqda edi. U bir lahzada ikki kishiga aylanib qoldi. Albatta, buning o'ziga xos sababi bor. Inson qanchalik qudratga ega bo'lmasin, muhabbat qarshisida ojiz qolishi adib Nodir Normatovning ushbu hikoyasida yaqqol ifodasini topgan.

Bo'riqul ko'z yoshi qiladiga oshiqlar ustidan kulishni xush ko'radigan insonlar xilidan. U qalb amri bilan emas, aql bilan ish ko'ruvchilar sirasidan. Ammo, bir necha yillardan buyon bir yostiqqa bosh qo'yib kelgan jufti halolining o'z qo'li bilan notanish kishiga yozilgan xatini topib olishi uning borlig'ini zulmatga cho'ktirdi. U o'zi tan olmagan tuyg'ular girdobiga g'arq bo'ladi.

Adib hikoya qahramonining xatni o'qish jarayonidagi holatini mohirona tasvirlaydi. *"Bo'riqul xatni o'qir ekan, yupqa lablarining beixtiyor titrashi, sokin tovush bilan yig'lashi, yupanch izlayotgan ko'zlari... bularning bari aqlga bo'ysunmaydigan muhabbat va nafratning o'zaro qorishmasi girdobida qolib ketgan inson holati. Yoki cheksiz qudrat oldida tiz cho'kkan bukilmas iroda..."* Bo'riqul buni shunday qoldirishni xohlamaydi, albatta. U bunga munosib javob qaytarishni istaydi. Unga javob xotini bir amallab yozadi. Lekin nafrat to'la maktubni umidi, ishonchi bo'lgan, lekin bir lahzada muhabbatiga noloyiq insonga aylangan Oysara o'qiyotgani ko'z oldida gavdalandi-yu, o'rnidan turib ketadi. So'ng, ayolini shodlantiruvchi majburan yozilgan maktublarni jo'natadi. Suyak sili bilan og'rigan xotiniga "Bor davolanib kel", deyishga iymangan, uning ko'ngli bilan hisoblashgan "Sen ham u-bu joylarni ko'rib kelgin-da", deyishi muhabbati osmon qadar cheksiz bo'lgan insongina ayta oladigan so'zlar emasmi?! Xotini ko'rmasa ham, u chiqqan samalyot ko'zdan yo'qolgunga qadar qo'l silkib turishi, muhabbat nafratidan ustun kelishi faqat Bo'riquldek insonlargagina xos bo'lgan holat emasmi?! Gina, alam va nafrat so'zlari bilan to'lgan maktublarini hayotda yo'qotib qo'yishdan qo'rqadigan Oysarasiga jo'natolmagani-chi....?! Nahotki, bu faqat achinish bo'lsa? Nahotki, ko'ngil uchungina, sovugan sevgining soxta ko'rinishi bo'lsa?!

Bu qisqa hikoyaning chuqur mazmuni his-tuyg'uga begona bo'lmagan, inson kechinmalari bilan hisoblasha oladigan kitobxonni o'zgartirgisi ham kelar. Jo'ngina ko'ringan hikoyani sinchiklab o'qigan kitobxon, albatta, o'ziga begona bo'lmagan nimadir topadi, yoki qadrlaydi.

"Insoniyatga xos bo'lgan barcha fazilat-u qusurlar adabiy mavzulardir".[26] Ushbu mavzular sirasiga esa sevgi-muhabbat ham, nafrat va rashk ham kiradi. Demak, bu hikoya mavzu jihatiga ko'ra, adabiy mavzular sirasiga kiradi. Bo'riqulning qalbidagi muhabbat va nafrat kurashida, uning yurish-turishiyu, o'y-kechinmalarida psixologik konflikt vujudga kelgan. Ushbu hikoya-konsentrik sujet namunasi. Ijodkor asar sujetini tashuvchi Bo'riqul va Oysaraning taqdirini hal qilmaydi. Yechim va xotima o'quvchi hukmiga havola qilinadi.

Bosh qahramonning o'zi uchun hiyonat deb

---

[26] Umarov X. "Adabiyot qoidalari", T.: "O'qituvchi"-2013-y. 72-b

bilgan, ko'z ochib ko'rgan ayolining boshqa bir odamga bitgan maktubini topgandagi holati, ruhiy qiynog'i kitobxonni ham osha holatga solib qo'yadi. Oysaraning quvonchi Bo'riqulning qalbida nafrat, g'azab, ishonchsizlik uyg'onganida ham olam-olam orom bag'ishlaydi. Bo'riqul Oysarani qadrlaydi. Bu qadrlash shu darajadaki, qahramonning harakteri ham uning tuyg'ulariga bo'ysunadi. Asarda inson tuyg'ulari bilan hisoblashiladi. Buni asar tasvirida ham ko'rishimiz mumkin. Ushbu hikoya psixologik tasvirning yorqin namunasidir.

Albatta, qaysidir bir yozuvchini harakterning qirralari ko'proq qiziqtirsa, ikkinchisini-ijtimoiy munosabatlar va maishiy to'qnashuvlarning harakterlarga ta'siri, yana kimnidir-hislar bilan faoliyat orasidagi aloqa, shuningdek, ehtiroslar tahlili, kimlarnidir esa " qalb dialektikasi" qiziqtiradi.

N. Normatovning "Umrning ikki kuni" hikoyasida qalb dialektikasi asosiy shakl hisoblanadi. Ijodkorning hikoyasida qalb kechinmalariga alohida urg'u beriladi. Hikoyaning epigrafida aytilganidek, hech bo'lmaganda ko'ngil uchun sevish mumkinligi namoyon bo'ladi. Ijodkorning asarlarida, aniqrog'i, hikoyalarining qahramonlarida psixologik tasvirning mana shu turi ustunlik qiladi. Ushbu hikoyani o'qish davomida o'zbekona ruh, o'zbekona axloqiy qadriyatlarga guvoh bo'lamiz. Nega deganda, asarda ayol e'zozlangan, uning ko'ngli qadrlangan. Kasalmand Oysaraga bo'lgan munosabatda ehtiyotkorlik bor. Bo'riqulni qiynayotgan savollar cheksiz bo'lsa-da, xudbinlikka yo'l qo'ymaydi. Or-nomus, g'urur bilan birga uning tasvirida Sabr va Sadoqat bor. O'zbek millatiga xos bo'lgan, o'zbek millatining qon-qoniga singib ketgan bu tuyg'ular Bo'riqulning timsolida mujassamlashgan. Asarda shiddat bilan rivojlanayotgan, hayotda kamyob bo'lib borayotgan, odamlar orasidan ko'tarilayotgan, azal-azaldan qadrlanib kelingan Mehr bor.

"Muhabbat haqida yozilgan jahondagi eng ajoyib qissa" deb baholangan edi fransuz adibi Lui Aragon Chingiz Aytmatovning "Jamila" qissasini o'z ona tiliga tarjima qilayotib. Vaholanki, muhabbat haqida yozilgan, muhabbat bilan birga axloqiy qadriyatlar ham ulug'langan mana bunday hikoyalarimizdan jahon tarjimonlari hali bebahra.

Foydalanilgan adabiyotlar

1. Normatov N. "Bisot", Qissalar, hikoyalar T.: "Sharq", 2012.
2. Umarov X. "Adabiyot qoidalari", T.: "O'qituvchi" -2013-y, 72-b.
3. Umarov X. "Adabiyot qoidalari", T.: "O'qituvchi" -2013-y, 56-b.

AVAZ O'TAR HAYOTI VA IJODIGA AYRIM CHIZGILAR

Avaz O'tarning hayoti va ijodiy faoliyatiga Xiva adabiy muhitining sezilarli ta'siri bor. Xivada bevosita madaniy-ma'rifiy, adabiy muhitning yuzaga kelishida Muhammad Rahimxon Soniy-Feruzning hissasi beqiyosdir. Feruz-buyuk davlat arbobi, atoqli shoir, madaniyat va san'at homiysi, ma'rifatparvar sifatida adabiyot, san'at, ilm-fan va maorifni rivojlantirishga rahnamolik qildi. Muhammad Rahimxon II Feruzning zamondoshi Laffasiy shunday yozadi:

Feruzkim, shahanshohi dono erur,

Fazilatda suxandon erur.

Yozib necha turlik abyotlar,

Bitib necha xil ash'orlar.

Shohi odil xisravidin panoh,

Falak taxt mehru afsar

anjum safo.

Quyoshdek safosi
jahongirdur,

Ki vasfidin ojiz ichra
tahrirdur.

Bu misralar haqiqatga qanchalik yaqin? Bu savol qayoqdan keldi, demoqchimisiz? Avaz O'tarning hayoti va ijodini o'rgangandan keyin bu savol paydo bo'lishi tabiiy. Biz yaxshi bilamizki, Muhammad Rahimxon Xivada, o'z saroyida adabiy harakatni tashkil qiladi va Avaz O'tarni ham saroydagi ushbu adabiy muhitga jalb qiladi. Avaz O'tar saroy shoirlariga ergashib, ijod qiladi, lekin uning saroydagi izlanish davri uzoq davom etmadi. U asta-sekin saroy ma'naviy hayotining chirkin mohiyatini, saroy adabiyotining yuqori aristokratlar qo'lida, maishatparastlik, aysh-ishrat quroli ekanligini anglay boshladi va unga nisbatan nafrat uyg'onadi. *"Avaz O'tar "madhiyabozlik"dan iborat saroy adabiyotidan yuz o'gira boshladi"[27]*

Avaz O'tar o'zining she'rlarida insofsiz amaldorlarni, munofiq ruhoniylarni, ochko'z mulkdorlarni shafqatsiz tanqid qilib, o'sha

---

[27] Karimov G'. "O'zbek adabiyoti tarixi"- T.: "O'qituvchi"-1995-y. / 3-kitob. 251-255-b.

davrdagi adolatsizlikni, poraxo'rlikni, og'ir zulmni fosh etib tashladi. Natijada saroy doiralaridagi guruhlar shoirga dushmanlik nazari bilan qarab, uni ta'qib ostiga oladilar. Shoir dinsizlikda, shakkoklikda ayblandi. Tanqidiy ruhda yozilgan she'rlarni xonga ko'rsatib, uni yomonladilar. Muhammad Rahimxon buyrug'i bilan yasovullar shoirning qo'llariga kishan solib, saroyga keltirdilar.

A. O'tarni toshbo'ron qildirishni mo'ljallagan xon xalq g'azabidan qo'rqib, "200 darra urilsin", degan buyruq bilan cheklanishga majbur bo'ladi. 200 darra zarbidan hushidan ayrilgan shoirni "jinni bo'ldi" deb e'lon qildilar va uni Xiva yaqinidagi Oqmachit qishlog'idagi "Bobo eshon" go'ristonida uya qurgan shayxlar ixtiyoriga "davolash uchun" yuboradilar. Avaz O'tar o'z hayotida bir necha bor bunday tuhmat va haqoratlarga yo'liqib, "xon darrasi" zarbidan azob chekishga majbur bo'ladi. To'g'ri, bu kabi ma'lumotlarni faqat sobiq Ittifoq davrida nashr qilingan adabiyotlardan o'qishimiz mumkin, dersiz. Lekin bugungi kun adabiyotlarida ham o'qishimiz mumkin: "...Uni saroyga taklif etadilar. Shoir bir qancha vaqt Xiva xoni saroyida ijod qiladi. Biroq, uning bu yerdagi faoliyati ko'p davom etmaydi. Avvalo, saroydagi biqiq ijodiy muhit shoirning ko'ngliga o'tirmaydi, qolaversa, uning she'rlariga hasad bilan qaragan ayrim kimsalar turli bo'htonlar to'qib, Avazni xonga yomon ko'rsatadilar. Xonning buyrug'i bilan shoirni 200 darra urib, jazolaydilar va hatto uni aqldan ozganga chiqarib, yomonotliq qiladilar. Otasi o'rniga taxtga o'tirgan Isfandiyor ham unga zulm qiladi. Sog'lig'i busiz ham nochor bo'lgan Avazni bog'lab, 50 darra urdiradi. (boshqa manbalarda 150 darra deb berilgan)"[28].

Yuqoridagi ma'lumotlardan Muhammad Rahimxon diniy mutaassiblar ta'siriga tushib qolgan, haqiqatni o'z vaqtida anglamagan va ko'ra olmagan hukmdor degan xulosaga kelish mumkin. Avaz O'tar xalqparvar shoir bo'lgan. Buni "Fidoyi xalqim" deb boshlanuvchi she'rida ham ko'rishimiz mumkin. Avaz O'tar uchun ma'qulu manzuri xalqi uchun qoni to'kilishi, maqsadi: darbadar, mazlumlar uchun o'lish, xalqi uchun jonini fido qilish bo'lgan va u ushbu maqsadiga yetdi. Avaz O'tarni o'zbek ma'rifatparvarlik adabiyotining yuqori bosqichiga olib chiqqan Muqimiy, Furqat, Zavqiy, Hamza

---

[28] Ahmedov S. va boshqalar. "Adabiyot" 6-sinf uchun darslik. T.:- "Ma'naviyat"-2013

kabi shoirlar qatoriga qo'shishimiz mumkin. Chunki u qisqa umri davomida hayoti ziddiyatlarga to'la bo'lsa-da, o'zbek adabiyoti rivojiga o'zining hissasini qo'sha oldi. Bugungi kunda biz Muhammad Rahimxonni ham, Avaz O'tarni ham shoir sifatida ijodini bir xil o'qiymiz, o'rganamiz va tadqiq etamiz. Lekin shu narsani ta'kidlash joizki, agar turli ma'naviy va jismoniy qiynoqlar bo'lmaganida Avaz O'tar uzoq umr kechirishi, yanada barakali ijod qilib, yanada boy ma'naviy meros qoldirgan bo'lar edi.

Adabiyotlar.

1. Karimov G'. "O'zbek adabiyoti tarixi"- T.: "O'qituvchi"-1995-y. / 3-kitob.
2. Ahmedov S. va boshqalar. "Adabiyot" 6-sinf uchun darslik. T.:-"Ma'naviyat"-2013

TOG'AY MUROD IJODIGA BIR NAZAR

"Adabiyot atomdan kuchli, lekin uning kuchini o'tin yorishga sarflamaslik kerak". Buyuk adibimiz, adabiyotshunoslar tili bilan aytganda "xasis yozuvchi" Abdulla Qahhor ushbu so'zlarni yon daftarchasiga bitayotganida, bu satrlar kun kelib mashhur bo'lib ketishini anglab, miyig'ida kulgan bo'lsa ajabmas. Yoki, *"Adabiyot maydoniga kimdir tutab kiradi, kimdir yonib...".* Biz bu qatrada dengiz jilosi aks etgan misralar haqida bilib-bilmay so'zlamoqchi emasmiz. Aslo! Ammo adabiyot maydoniga yonib kirib kelgan, o'zining betakror so'zi bilan, o'ziga xos tili va ovozi bilan "O'zbek xalqiga haykal qo'ygan" haqiqiy Surxon farzandi Tog'ay Murod haqida so'zlashmoqchimiz. So'zlaganda ham... dildan quyilib kelganlarini aytmoqchimiz.

Tog'ay Murod Surxondaryo viloyati Denov tumanining Xo'jasoat qishlog'ida (hozir Oltinsoy hududida), 1948-yil 3-fevral kuni tavallud topgan. Ha, agar u hayot bo'lganida 70-72 yoshni qarshilagan, el-yurt ardog'idagi nuroniy adiblarimiz safida bo'lar edi... Ko'hna Surxon vohasida o'sib ulg'aygan, uning bepoyon dalalari,

60

adirlari-yu asriy tog'larining oddiy inson ko'zi ilg'amaydigan go'zalliklarini teran nigohida toabad muhrlagan Tog'ay Murod o'lmas asarlarida bularni jo'shib kuyladi. Ularga zabon baxsh etdi va boqiy hayot bag'ishladi.

Biz salkam yuz yildan buyon Abdulla Qodiriy, Cho'lpon, Oybeklarni milliy adabiyotimiz asoschilari sifatida qadrlaymiz, ko'klarga ko'taramiz. Chunki, Otabek ham, Kumush ham, Zebi, Yo'lchi hamda Gulnor ham aslo takrorlanmas obrazlardir. Masalan Otabekka shinel, Yo'lchiga plash va shlyapa kiydirib qo'ysangiz, ular o'zgarmaydi. Samimiy o'zbekchiligicha qoladi. Chunki ular qon-qoni bilan, o'y-hayollariyu gap-so'zlari bilan... xullas boricha o'zbek qilib yaratilgan. Bunday obrazlar, bunday asarlar yaratish uchun yozuvchida rassom nigohi bo'lishi kerak. Bu obrazlarni so'z bilan chizib berishi kerak. Tog'ay Murod o'zida rassomlik qobiliyatini va adiblik mahoratini uyg'unlashtirgan iste'dod sohibi edi. Adib asarlarini o'qir ekanmiz, buning guvohiga aylanamiz. Masalan, " Ot kishnagan oqshom" qissasida otni shunday tasvirlaydi:

"Birodarlar, bo'z ot qanday bo'ladi? Surpday oppoq bo'ladi! Bordi-yu, ajdodida

bo'lsa, to'qqizga to'lganida tarlon bo'ladi. To'qqiz yoshida bo'zning badanida xolday-xolday qora donalar paydo bo'ladi. Shundan boshlab u bo'z emas, tarlon ot bo'ladi. Tarlon-xol-xol ot! Tarlon-otlar sarasi! Birodarlar, to'riq otning yuzdan biri yaxshi bo'ladi, tarlon otning yuzdan biri yomon bo'ladi! Birodarlar, ot tanimasang tarlon ol!..."

Bu tasvirlar faqatgina Tog'ay Murodga xosdir. Bu ovozlar faqat Tog'ay Murodga tegishli. Adib qalbidan qalamiga ko'chib, qog'oz uzra to'kilgan bu satrlar o'quvchini biroz o'ylantirib qo'yadi. Shiddat bilan kechayotgan hozirgi texnika asrida inson bolasining uzog'ini yaqin, mushkulini oson qilgan bu jonivorni faqat sirkda yoki kinoda ko'rgan shaharlik kitobxonlarimiz qay darajada tasavvur qilishadi? Taraqqiyot sari intilib, tabiatdan, jonivorlardan tobora uzoqlashib borayotganimiz... menimcha, achinarli holat. Tog'ay Murod otni shu qadar tasvirlaydiki, siz ham Tarlonning yollaridan mahkam tutib, Surxon adirlarini yashindek kezib chiqasiz. Ziyodulla chavandoz, Safar chavondoz, Saman chavondozlar bilan uloq chopasiz. Or-nomus uchun kurashasiz. Shunda Tog'ay Murod tasvirlagan chavandozlar hiyonat nimaligini bilmaydigan, faqat yaxshilik ravo ko'radigan haqiqiy o'zbeklar ekaniga yana bir bor ishonch hosil qilasiz.

Tog'ay Murod shunchaki yozmaydi. U kuylaydi. Qadim voha ahlining asriy orzularini, qalb kechinmalarini qo'shiq qilib kuylaydi. Kuylanganda ham sof surxoncha tilda, bor ranglari va jozibasi bilan kuylaydi. Shuning uchun u bitgan satrlar jilosi "mangu yongan yulduzlar" yog'dusidek qalblarga oqib kiradi.

O'tgan asrning 70-yillarida, aniqrog'i 1976-yilda Tog'ay Murod "Yulduzlar mangu yonadi" qissasini yaratdi va o'zi ham adabiyot osmonida mangu yonuvchi yulduz bo'lib qoldi. Ushbu qissasi bilan u asl o'zbek insonlarini, alpqomat surxon polvonlarini qanday bo'lsa shundayligicha tasvirlaydi. Ushbu qissa haqida buyuk adib, O'zbekiston qahramoni Said Ahmad shunday degan edi: *"Men Tog'ay Murodning "Yulduzlar mangu yonadi" qissasida Bo'ri polvon, Tilovberdi polvon, Abil polvonlarning kurashlarini zavq-shavq bilan tomosha qildim. Surxon polvonlarining halolliklari, mard, tantiliklarini ko'rib g'ururlanib ketdim. Ana, o'zbek polvonlari, ana, deya g'ururlandim...".*

Bu Tog'ay Murod ijodiga berilgan yuksak

bahodir.

Bilamizki, Sharqda muhabbat haqida ko'plab asarlar yaratilgan. Ularning bari o'ziga xos. Asrlar osha yashab kelayotgan "Layli va Majnun", "Farhod va Shirin", "Tohir va Zuhra" kabi dostonlarda muhabbat, uning uchun jon bergan baxtsiz oshiq-ma'shuqlar tasvirlanadi. Tog'ay Murod ham samimiy o'zbek insonlarining taqdiri, sof muhabbati, intim kechinmalari haqida doston yozdi. Yozganda ham mahorat bilan yozdi. Adibning "Oydinda yurgan odamlar" asarini o'qir ekansiz, har bir satridan taralayotgan ohang, taqdirning beshavqat sinovlari haqidagi mungli qo'shiq sizni cheksiz hayollar ummoniga g'arq qiladi. Adib qissada farzand ilinjida tunni tongga, kunni oyga, oyni yilga ulab yashayotgan Oymomo va Qoplonning hayotini, o'zaro mehr-muhabbatini g'oyat nozik, shoirona tarzda qadim, Surxon ohanglarida kuylab beradi. Koinotning bir zarrasi, bir-birini Bobosi, Momosi deya atab umr o'tkazgan bir juft pokiza insonlarni "oydindagi oy nuriga o'rab" tasvirlaydi. Umid uchquni qalbining tub-tubida shu'la sochgan ushbu juftning butun borlig'i oyning kumush nurlariga yo'g'rilib ketadi. Bu qissani adibimiz Said Ahmad "Muhabbat qo'shig'i" deb atagani ham fikrimizning dalilidir.

Tog'ay Murod haqida, uning asarlari haqida qancha gapirsak shuncha oz. Milliyligimizni, bobomeros qadriyatlarimizni asarlaro orqali abadiylikka muhrlagan, o'zbek xalqining sofdilligi, mard va tantiligini avj pardalarda kuylab, o'z xalqiga haykal qo'ygan adib barhayotdir. Tog'ay Murod 2003-yil vafot etgan bo'lishi mumkin... lekin u hech qachon o'lmaydi. U o'z asarlari bilan asrlar osha yashaydi!

SAMIMIY KECHINMALAR TASVIRI

(Nodir Normatov ijodi misolida)

O'zbek hikoyachiligi deganda birinchi galda Abdulla Qahhor, Shukur Xolmirzayev kabi hikoya maktabi asoschilari ko'z oldimizda namoyon bo'ladi. Boqijon Baqoyev ("Adabiyot muallimi"), Sotiboldi ("Bemor"), Qobil bobo ("O'g'ri"), Erkin ("O'zbeklar"), Qo'zi chol (" Qariya") – bularni yana davom ettirishimiz mumkin. Bu obrazlar yodimizga tushar ekan, qalbimizda turli xil ziddiyatli o'y-kechinmalar sodir bo'ladi. Ularning holatidan gohida chuqur qayg'uga botsak, gohida lablarimizda tabassum yugurib qoladi. Tabiiyki, bularning bari yozuvchi mahorati bilan ham bog'liq. Keyingi yillarda adabiyotimizga yangi iste'dod, nosirlar ham paydo bo'lib, bu maktabga yetarli darajada hissa qo'shib kelmoqdalar.

O'tgan asrning 70-80-yillaridan adabiyotimizga o'ziga xos ovoz bilan kirib kelgan adib Nodir Normatov o'zining yangi ruhda yaratgan tipik obrazlari bilan anchadan buyon tinchib qolgan nasr osmonida sergaklantiruvchi momaqaldiroq hosil qiladi. Bu- haqiqiy surxoncha, Sherobod dashtlarini larzaga solgan momaqaldiroq edi. Addibning 1982-yildagi ilk "Bisot" qissasi va 1991-yilda nashr etilgan "Barigal" deb nomlangan romani buyuk adib, O'zbekiston qahramoni Said Ahmadning nazariga tushganligi buning yaqqol ifodasi edi.

"Ko'hitang hikoyalari", "Daraxt tagidagi odam", "Jazo", "Ko'zgu oldidagi ikkovlon", "Ro'zi Choriyevning so'nggi vasiyati" kabi asarlari ham kitobxonlar tomonidan iliq kutib olindi.

Bir qarashda biz ko'rib turgan dunyo, tabiat, biz bilan yelkadosh bo'lib yashayotgan odamlar-barchasi ko'zimizga bir yoqlama suratday ko'rinadi. Ammo ularning bariga adib, jurnalist, iste'dodli rassom Nodir Normatov ko'zi bilan boqsak, biz tasavvur qilmagan mo'jizalar paydo bo'ladi. So'zimizga misol qilib, adibning hikoyalarini olishimiz mumkin. Nodir Normatov hikoyalarini o'qir ekanmiz, asardagi har bir detal biz bilan o'zaro sirlashadi. Adib borliqni qanday bo'lsa, shundayligicha tasvirlaydi. Unga ortiqcha dabdaba, bo'yoqdorlik begona Sherobod qirlari-yu Muzrabod dashtliklari, Vandob, Poshxurd, Zarabog' bag'ridagi qadim qishloqlar asriy urf-odatlari, tanti odamlarining xarakterlari barcha-barchasi tabiiyligicha tasvirlanadi. Bu adibning o'ziga xos uslubi.

"*U tabiiy hodisalarni tabiiy maqomini topib chizadi. Shu xolos. "Chizish" so'zi Nodir Normatovning badiiy usuliga g'oyatda mos, bu usulni rasmana xarakterlaydi. U batafsil uzoq tasvirdan ko'ra chizishni yaxshi ko'radi,*[29]* degan edi adib haqida O'zbekiston xalq yozuvchisi Ibrohim G'afurov. Bunga oddiygina misol qilib ayrim hikoyalarini olishimiz mumkin. Adibning hikoyasidagi obrazlar hayoliy uydurmalar asosida yaratilmagan. Ular siz-u biz bilan bir havodan nafas olib yashayotgan oddiy va samimiy insonlar.

Masalan, "Jarlikdan qushlar uchdi" hikoyasidagi Rajab cho'loqni olaylik. Maqtanishda uning oldiga tushadigani yo'q. U qanchalik maqtanmasin, hech kim undan ranjimaydi. "*Chunki u o'zini emas, qachonlardir ajdodida o'tgan "mashhur" kishilarni maqtaydi. "Bizning aymoqda ham el so'ragan odamlar odamlar o'tgan,"* deb o'z gapiga isbot ham keltiradi. Misol uchun, "*qaysi bir avlodga tegishli Shodi polvon tegirmonning toshi singanda yangisini o'n chaqirim naridan orqalab kelgan bo'lib chiqadi, qaysi bir kishining uyidagi eski*

---

[29] N. Normatov. Bisot.-T.: Sharq, 2012-y, 5-b

naqshli sandiqni bundan ellik yil oldin o'tgan bir bobokalonin yasagan bo'ladi."[30] Bunday misollar shodasi bir talay. Bu paytda Rajab cho'loqning gaplari o'quvchini biroz g'ashini keltirishi mumkin. Ammo, hikoya poyoniga yetib borar ekan, Rajab cho'loq aslida kim ekanligini anglagandek bo'lamiz. Uning qiyofasida o'zbeklarga, ayniqsa surxonliklarga xos chapanilik, kesib gapiradigan, g'ururi terakdan baland, or-nomusi uchun hamma narsaga tayyor haqiqiy inson gavdalandi. U nomus uchun ko'z yosh to'kadi. Bunga sababchi- yakkayu-yolg'iz ukasi. Uni ne azoblar bilan o'qitdi. Sag'irligini bilintirmay dedi. Odam bo'lsin dedi. Hatto, ukasi olti yoshdaligida unga tut terib beraman deb, daraxt shoxidan tushib ketib, bir oyog'i mayib bo'lib qoldi. *"Cho'loq" degan nomniyam ukasi tufayli oldi. Lekin, uka bunga qanday javob qaytardi? Martabaga erishgandan so'ng, akasi bergan mehrga yarasha javob qaytara oldimi? Yo'q! Rajab cho'loqning tili bilan aytganda: "Uni nomusga o'ldirdi, ukasi!"*[31]. Qo'shnisi Soniya xolaning ukasi haqida aytgan gaplaridan duv-duv ko'z yosh to'kkanini ko'rgan,

[30] Ko'rsatilgan asar. -391-bet
[31] N. Normatov. Bisot. –T.: Sharq, 2012-y, 391-b.

hammaning "obraziga kiruvchi" Salim qiziqning navbatdagi "tomosha"sida Rajab cho'loqning ham nomi tilga olinishi, unga yana bir zarba bo'ladi. "Uyat o'limdan qattiq" deganlaridek, u davradan otilib chiqib, otiga qamchi bosdi. Otni yashindek yeldirib, tubsiz jar qa'ridan "panoh" topdi. Adib qisqa satrlarda personajlar xarakterini juda aniqlikda chizib bergan.

Dunyoda inson ko'nglidek qudratli narsa yo'qdir. Shu bilan birga inson ko'nglidek ojiz va nozik narsa ham yo'q. Donishmandlar ko'ngilni shishaga o'xshatib, unga darz ketsa, aslo tuzatib bo'lmasligini doim uqtirishgan. Qolaversa, shunday narsa borki, inson usiz bir daqiqa ham yashay olmaydi. Insonning hech qanday tayanchi qolmaganida ham, ko'ngil oynasida uning aksini ko'rgach, hayotga bo'lgan ishonchi ortadi va yanada olg'a intiladi. Bu- umid! Umidi so'ngan inson hech kim bo'lib qoladi. Juda nozik intim kechinmalar Nodir Normatovning "Ayol ovozi" hikoyasida qisqa satrlarda, yorqin va tabiiy ifodalab berilgan. Hikoyada ko'zlari operatsiya qilingan, yorug' dunyoni qayta ko'rishi dargumon bo'lgan yigit va uning hamshirasi Malika haqida so'z boradi. So'z juda kata qudratga ega ekanligini bilamiz. Ammo, u qachonki o'z o'rnida qo'llansa yengib bo'lmas kuchga aylanadi. Shu o'rinda bir voqeani eslab o'tsak. Avar xalqining mashxur shoiri Rasul Hamzatovga kasalxonadan bir bemor maktub yo'llab, shunday degan ekan: "Meni shifokorlarining muolajalaridan ko'ra, ko'proq sizning she'rlaringiz davoladi".

Hamshira Malikaning bemorga ko'rsatgan mehribonligi natijasida yigit tezroq tuzaladi. Albatta, Malika o'z kasbini sevadi. Uning kasbi-shu. O'z ishini bajarganda ham qalb qo'rini berib bajaradi.

"Qiziq, ko'zlarim ko'ryapti. Ko'zlarimga faqat chinnigullar ko'rinyapti!" Bemorning ushbu gapidan so'ng, kuz erta kelib, shaharda chinnigullar allaqachon tugab ketganiga qaramay, Malika izlab-izlab bir nemis choldan bemori uchun chinnigul keltirib berishi har qanday doridan kuchliroq ta'sir qiladi. U bemorning gaplarini shunchaki kasallikdagi bir alahsirash deb o'ylamadi. Unga e'tibor qilmay o'tib ketishi mumkin edi, lekin yigit mutlaqo begona bo'lsa-da, dilini og'ritmaslikka harakat qildi. Bundan so'ng yigitda Malikaga nisbatan iliq munosabat uchqunlari miltiray boshladi. Borgan sari u alanga oldi. "Hamshira, siz meni sevasiz-a?" deb so'rardi. Hatto, shu darajaga yetdiki, bemor

71

hamshirani intizorlik bilan kutar, uning qadam tovushlaridan, nafas olishlaridan tanib, kelganidan quvonadigan bo'lib qoladi.

Yolg'on so'zlash, albatta, yaxshi ish emas. Ammo, o'rni kelganda jindakkina yolg'on so'zlash kimnidir hayotini saqlab qolishi, iziga tushirishi adibning ushbu hikoyasida yuksak mahorat bilan isbotlab berilgan. Bemorning savolini hazilga olish ham mumkinku? Lekin yigit hazil qiladigan holatda yoki kayfiyatda emasdi. Uning hech kimi yo'q. U tuzalishniyam xohlamaydi. O'ziga bitta suyanchiq topdi. Bitta bo'lsa-da, uni tushunadi. Qalbidan nimalar kechayotganini bilib turadi. Yigitning savoliga "ha" deb javob berishi, uni yanada tezroq sog'ayishiga katta sabab bo'ladi. Chunki, yigit uni ko'rishi kerak. Harakatlari bilan, yoqimli ovozi bilan uni o'ziga sehrlab qo'ygan insonni u tezroq ko'rishga oshiqadi. Natijada, tezroq tuzaladi. Lekin asosiy muammo keyin paydo bo'ldi. Yaqinda yigit tuzaladi. Ko'zlari ko'ra boshlaydi. Hammasi yolg'onligini bilsa nima qiladi? Hamshira buniyam ilojini topadi. U yigitning dilini og'ritmaslikka intiladi. Yigitning ko'zlarini ochishgan kun, hamshira yana unga chinnigullar olib keladi. Bu gal yolg'iz emas. Bemor yigitga gullarni hamshira Malika emas, uning olti yoshli qizi topshiradi. Yigit barchasiga tushunadi... Bu tasvir va uslub adib N. Normatovning o'ziga xos ko'rinishi. Har bir shaxs alohida bir dunyo. Sirtdan qaraganda u "dunyo"ning "ichi" osuda. Lekin, adib ko'zi bilan boqsak, do' ppini yonga qo'yib, biroz o'ylantiradigan voqealar ham chiqib qoladi... Bir qaraganda yigit ham hamma qatori bir bemor, yoki, Malika ham oddiygina bir hamshira. Ularning boshqalardan farq qiladigan joyi yo'q. U-bizning nazarimizda. Ammo, adib N. Normatov biz payqamagan, ko'rmagan, ko'rsakda e'tibor qilmay o'tib ketadigan voqea-hodisalarni yorqinroq ifodalaydi...

SO'Z RASSOMI

(Erkin Vohidov ijodidan ayrim chizgilar)

Ijod qilish, qalbidagini oq qog'ozga tushirib, xalq bilan baham ko'rish-ilohiy xislat. Bu xislat hammada ham bo'lavermaydi. Qalbida kechayotgan o'y-fikrlarini she'rga aylantirib, oq qog'ozga tushirish uchun hazrat Navoiy ta'biri bilan aytganda insonda "moyayi dard" bo'lishi kerak. Zero, haqiqiy she'r iztirobdan, darddan tug'iladi. Butun umr el-yurt dardini his qilib, uning yaxshi-yomon kunida hamnafas bo'lgan ijodkorlardan biri Erkin Vohidovdir.

"Hech ikkilanmay, komil ishonch bilan aytish mumkinki, Erkin Vohidov O'zbek she'riyatining ko'rki va faxri. Bu fitrda zarracha mubolag'a yo'q", degan edi Ozod Sharafiddinov. O'zbekiston xalq shoiri, she'riyatning ham barmoq, ham aruz, ham sarbast vaznlarida birdek yuksak saviyada ijod qilgan shoir Erkin Vohidov o'zining nodir misralari bilan kitobxon ko'nglini rom etdi. Shoirning go'zal tashbehlarga boy misralarida olam-olam ma'no mujassam. Bir so'z bilan aytganda, tomchida dengizni aks ettirgan. Masalan, shoirning el orasida juda mashhur bo'lgan "Kamtarlik haqida" she'rini olaylik.

Bunda tasvirlangan voqea har doim siz-u bizning ko'z oldimizda sodir bo'ladigan holat. Biz uni doim ko'ramiz, lekin e'tibor qilmaganmiz. Ammo serqirra ijodkor shu oddiygina-choynakning piyolaga egilishini, piyola doim o'zini kamtar, oddiy tutganligi uchun, inson uning peshonasidan o'pishini juda chiroyli tasvirlagan:

Garchi shuncha mag'rur tursa ham,

Piyolaga egilar choynak.
Shunday ekan, manmanlik nechun,
Kibru havo nimaga kerak?
Kamtarin bo'l, hatto bir qadam,
O'tma g'urur ostonasidan.
Piyolani inson shuning-chun,
O'par doim peshonasidan.

Shu o'rinda aytishimiz mumkinki, shoir ushbu satrlarida sharqona an'ana, sharqona qarashni yuksak saviyada chizib bergan. Ya'ni, kibru havoga berilmaslik, kamtarinlik va xokisorlik-bu sharqona madaniyatning negizidir. Azaldan buyuk ajdodlarimiz o'zining pandnomalarida ham doim kamtar va halol bo'lishga da'vat etishgan. Erkin Vohidov ham buni qisqa satrlarida yaqqol ifodalab bergan.

Shoir ijodini kuzatar ekanmiz, ijodkorni

zukko kuzatuvchi va rassom ekanligining guvohi bo'lamiz. Rassom bo'lganda ham, tasvirda boshqa mo'yqalam sohiblaridek siyohdan emas, so'zdan foydalanadi. Sozlar orqali borliqni boricha tasvirlaydi. Jonli va haqqoniy chizadi. Bunga "Tong lavhasi" she'rini misol qilib olishimiz mumkin. Shoir ushbu she'rida quyoshning chiqishini o'zgacha badiiylik va yangi topilmalarda ifoda etgan. Ton shafaqlarini ajib bir guldastaga, quyoshning o'zini "oltin qalam tutgan naqqosh"ga o'xshatadi:

Ufqlarga qo'yib guldasta,
Tog' ortidan ko'taradi-da bosh.
Pastga boqdi cho'qqidan asta,
Oltin qalam tutgan bir naqqosh.

Keyingi satrlarda tasvir obyekti yanada kengayib, aniqlik kasb etadi. Quyosh yerning har bir nuqtasiga sayqal berib, zardan tasvir chizib, yangi asar yaratishi, so'ng o'z ishini tugatgan rassom kabi, yaratgan asariga ismi bilan imzo qo'yishi va chiroyli sarlavha (nom) bilan atashi jonli, oddiy va samimiy tarzda ifodalanadi:

Har nuqtaga sayqal berib u,
Vodiy uzra chizdi zar lavha.
So'ng "Quyosh" deb imzo chekdi-yu,

"Tongotar" deb qo'ydi sarlavha.

Erkin Vohidov so'nggi yillarda an'anaviy g'azal janrida qator go'zal asarlar yaratdi. Istiqlolni ulug'lovchi, uni yanada mustahkamlashga chorlovchi she'rlar e'lon qildi. O'z ijodi bilan o'zbek she'riyati rivojiga katta hissa qo'shdi.

SATRLARGA KO'CHGAN ORZULAR

(Xonliklar davri o'zbek adabiyoti misolida)

O'zbek demokratik adabiyotining tug'ilishi va kelib chiqishi xalqning turmush sharoiti, uning ma'naviy olami bilan bog'liq. Shuning uchun demokratik adbiyotning mohiyatini xalqchilik, vatanparvarlik, ma'rifatparvarlik g'oyalari tashkil etadi. O'zbek demokratik shoirlari ijodiga, ular yaratgan muhim asarlarga nazar tashlasak, ular yashagan davr hayoti manzarasini haqqoniy tasvirlaganini, chuqur xalqchillik ruhi bilan sug'orilganining guvohi bo'lamiz. Xalqni chuqur muhabbat bilan sevgan, uning manfaati uchun umrining oxirigacha sodiq qolgan kishilargina haqiqiy vatanparvarlar bo'lishi mumkin. Mana shunday vatanparvarlik, ma'rifatparvarlik g'oyalarini tarannum etgan ijodkorlarni esa demokratik shoirlar deb ataymiz. Ularning yaratgan lirik asarlari, yumor, satira tarzda bitilgan-xalqning ijtimoiy hayotini yaratishga xizmat qiluvchi-asarlari, ijtimoiy-etnografik ruhda yozilgan "Sayohatnoma"larigacha xalq hayotini to'g'ri, haqqoniy aks ettiradi, xalqning istak-armonlari kuylanadi. O'zbek demokratik adabiyoti vakillari ma'rifatparvarlik g'oyalarini, xalq hayoti, istiqboli, taqdiri va uning ozodlikka bo'lgan intilishlarini tarannum etgan. O'zbek demokratik adabiyoti ko'p jihatdan adabiyotimizni boyitdi desak aslo mubolag'a bo'lmaydi. Xonliklar davrining tarix yashira olmaydigan zulmi, ko'hna Turon zaminida yashovchi xalqlarning fan, texnika, ma'rifat jihatdan boshqa xalqlardan juda orqada ekanligini, bu kabi achinarli holat tuzatib bo'lmas xatolarga olib kelishini, buning uchun avvalo xalqni zalolat uyqusidan uyg'otish zarurligini ma'rifatparvar insonlar allaqachon tushunib yetgan edilar. Aynan ushbu davr adabiyotida ilm-ma'rifatga undash har qachongidan ham keng tus oladi. Qolaversa, turmushi haddan ziyod og'irlashib borayotgan xalq, qora qozonni bir amallab qaynatish ilinjida tun-u kun ter to'kayotgan insonlarning ilm o'rganish, xat-savod chiqarish uchun na vaqti bor edi, na imkoni. Buyuk ajdodlaridan meros qolgan boymadaniy merosni o'qish, ularning mohiyatiga tushunish, natijada o'zini, o'zligini anglash uchun, avvalo, ma'rifatli qatlam shakllanishi lozim edi. Shunday og'ir va mashaqqatli sharoitda botqoqdagi nilufardek bo'y ko'rsatgan ziyolilar, ijodkorlar xalq dardi va orzu-havasini misralarga jo etib, ifodalab berdilar. Ahmad Donish, Komil Xorazmiy, Dilshodi Barno, Anbar Otin, Zavqiy, Muqumiy, Avaz O'tar, Furqat... tarix zarvaraqlarini sahifalar ekanmiz, biz bilgan va bilmagan sohir so'z ustalari sahrodagi buloqdek qaynab chiqaveradi.

Ahmad Donish markaziy Rossiyaga uch marta sayohat qilib, "Navodir-ul-vaqoye" asarida ko'rgan kechirganlari haqidagi taassurotlarini, fikr-mulohazalarini bayon etadi.[32]

O'zga yurtlarda bo'ib, u yerdagi ijtimoiy, iqtisodiy holatni o'z vatanidagi jarayon bilan taqqoslagan ma'rifatparvar yurtdoshlarini naqadar og'ir ahvolda ekanligini qalban his etadi va ona yurtiga qaytgach o'z atrofiga ma'rifatparvar insonlarni to'plab, adabiy muhit yaratadi. Sadriddin Ayniy Ahmad Donishning Buxoro amirligi sharoitidagi ajoyib ilmiy va ijodiy faoliyati to'g'risida so'zlab, uni "Buxoro osmonidagi porloq yulduz" deb atagan edi.[33]

Xalq hayoti, istiqboli, taqdiri va ozodlikka bo'lgan intilishlarini, asriy orzularini ifodalash

---

[32] G'. K. Karimov "O'zbek adabiyoti tarixi" T.: "O'qituvchi". 1975-y, 3-kitob. 39-b.

[33] G'. K. Karimov "O'zbek adabiyoti tarixi" T.: "O'qituvchi". 1975-y, 3-kitob. 40-b.

demokratik adabiyotning asosiy va yetakchi mavzusidir. Ushbu mavzu atrofida yetarlicha ishlar amalga oshirildi. Demokratik adabiyot vakillari bu davrga kelib ikki yoqlama-chorizm mustamlakasi va mahalliy boylar zulmidan ezilgan xalqning ogʻir kechayotgan hayoti mavzusiga qayta-qayta murojaat qildilar va natijada bu borada salmoqli ijod namunalari yuzaga keldi. Masalan, Maxmurning "Hapalak qishlogʻi toʻgʻrisida", Muqumiyning "Maskovchi boy ta'rifida", "Tanobchilar", "Sayohatnoma"si, Avaz Oʻtarning "Xalq", "Amaldorlarga", "Ulamolarga xitob", Zavqiyning "Qahatchilik", "Qarz", "Ajab ermas" kabi betakror asarlari alohida diqqatga sazovordir.

Ushbu davr adabiyotining oʻziga xos vakili Mahmud oʻzining "Hapalak" gʻazalida xarob qishloqlar, ularda qashshoq hayot kechirayotgan insonlar turmushi haqqoniy va ta'sirchan ifodalangan:

       "Ey jahondori zafar,
kavkabayi davri falak,

       Goʻsh qil qissayi
qishlogʻi xarobi Hapalak...

       Bor-u yoʻq uylarini banda
bayon gar qilsa,

Bir katak, ikki kappa, uch olachuq, to'rt katalak."

Shuni alohida ta'kidlash lozimki, Maxmur ushbu misralarda antitezadan samarali foydalanadi. Muallif ushbu san'at orqali xon va saroy ahllarining hashamatli va dabdabali hayotini qishloq ahlining qashshoq turmushining asosiy sababchisi qilib ko'rsatadi. Birinchi misraga e'tibor qilsak, muallif *"Ey, olamning hashamatli, dabdabali ulug' podshohi"* deb murojaat qiladi va ikkinchi misrada bunga mutlaqo teskari bo'lgan "qissayi qishlog'i xarobi Hapalak"ni boshlaydi. Maxmur birgina shu satrlar orqali xonlik hashamati zo'rlik va adolatsizlik, nohaq soliqlar solish orqali yuzaga kelganini ko'rsatmoqchi bo'ladi. Albatta, keying misralarda Hapalak qishlog'I bor-yo'g'I "Bir katak, ikki kappa, uch olachuq, to'rt katalak"dan iborat ekanligini bilib olamiz. Yashaydigan uy-joyi mayli, ularning hatto yeyishga narsa topolmay, joni halakligini yaqqol tasvirlaydi:

...Xalqini ko'rsang agar o'lasiyu, qoqu xarob,

Ochligidan egilib, qomati misli kamalak.

Ajrig' tomirini o'g'urida

mayda tuyub,

Qaynatib kunda ichar, otini
derlar sumalak.

O'zbek demokratik adabiyoti vakillari xalq hayoti, uning turmush darajasini boricha tasvirladilar va o'z maqsadlariga erishdilar ham. Maxmud ham birgina "Hapalak" misolida butun bir millatning hayotini tasvirlab berdi.

Demokratik adabiyotning yirik vakillaridan yana biri Muqimiydir. Muqimiy Maxmurdan biroz keyin yashab o'tgan bo'lsa-da, baribir uning ham taqdiri va hayotida, qolaversa, xalq turmushida deyarli o'zgarish bo'lmadi. Ezilgan xalqning ahvoli yanada og'irlashdi. Muqimiyning Qo'qondagi yer qurilishi mahkamasida mirzalik vazifasida ishlab yurgan kezlari yozgan mashhur "Tanobchilar" satirasi ham avom xalqning ijtimoiy-iqtisodiy holati, amaldorlarning oddiy xalqqa o'tkazayotgan sitamlari tasvirlanadi:

...Sulton Alixo'ja,
Hakimjon-ikov,

Biri xotun, birisi bo'ldi
kuyov.

Ikkalasi bo'ldi chunon
ittifoq,

Go'yo hayol aylaki (qilmay nifoq).

Osh yesalar, o'rtada sarson ilik,

Xo'ja-chiroq   yog'i, Hakimjon-pilik...

"Tanobchilar"da kechayotgan voqealar shu darajada haqqoniy tasvirlanganki, o'quvchi beixtiyor o'sha davrga o'tib qoladi. Qolaversa, "boy boyga boqar..." qabilida ish tutishning oqibatlari, yana bor mashaqqatlar oddiy xalq yelkasiga tushishi tasvirlangan.

Yuqorida nomlari zikr etilgan shoirlar xalqiga hiyonat qilmagan, haqiqat yo'lida sobit tura olgan vatan ma'rifatparvarlari edi. Shu o'rinda aytish mumkinki, haqiqiy iste'dod va qobiliyat sohiblari bo'lgan yozuvchi va shoirlargina har qanday muhitda, har qanday sharoitda o'z "meni"ni saqlab qola oladi.

Foydalanilgan adabiyotlar:

1.Karimov G'.K."O'zbek adabiyoti tarixi" – Toshkent: "O'qituvchi" – 1975-y. 3-kitob 251-255-betlar.

2 Karimov G'.K."O'zbek adabiyoti tarixi" – Toshkent: "O'qituvchi" – 1975-y. 3-kitob 39-bet.

MUNDARIJA